アジア理解
講座 ❶

中見立夫＝編

境界を超えて

東アジアの周縁から

山川出版社

境界を超えて　東アジアの周縁から　目次

境界を超えて　東アジアの周縁から

序章　中見立夫

「地域」「民族」という万華鏡、「周縁」「辺境」と呼ばれる仮想空間

変化するアジアへの関心——日本で「ドーナツ化現象」はなぜ起こったのか

最近、といってもここ一〇年くらい、日本の若者たちのあいだで、アジア、ことに中国を中心とする地域にたいする関心で、ある顕著な傾向がみられるという。それは、本書にも御寄稿いただいている毛里和子氏の表現によれば、「ドーナツ化現象」とでもいうべきものであって、中国自体の歴史や文化にたいしてよりも、その「周縁」あるいは「辺境」と呼ばれる地域、そしてそこに生活する民族、その文化への関心が高まっていることである。大学院で東アジア地域を研究対象とする院生の傾向をみても、ひと昔前までは、大多数は「中国」そのものにかかわる問題を取り上げていた。ところが、いまや「中国」の範囲が変わり、チベット、モンゴル、東トルキスタン（新疆《しんきょう》ウイグル）、中国西南地域あるいは中国東北地域、そして香港および台湾をテーマとする人が急増している。歴史専攻でみれば、中国社会経

済史や中国共産党史といった、従来多くの学生を惹《ひ》きつけてきた領域に取り組むほうが、大学によっては少数派でさえあるという。

「国家対国家」という図式では、日本と韓国、台湾との関係は、いぜんとしてけっして円滑とはいえない。しかし、人々のなかで、韓国や台湾の文化への関心は確実に高まっている。昨年、機会があって、ある特別な目的の韓国ツアーに参加してみた。そこで、ごく普通の会社員・主婦で、韓国語(朝鮮語)を学ぶ人、韓国の料理や陶芸に関心をもつ人が多いことを改めて知った。わざわざツアーに参加するのだから、同行の人々は有識者といえよう。だがそれ以上に、いわゆる韓国・朝鮮料理店ではなく、日本国内のありふれた普通のレストラン・食堂でも、着実に朝鮮料理系のメニューが浸透しつつあることや、身近にあるスーパーマーケットにも朝鮮料理の食材がならんでいるのを思い起こしていただきたい。われわれの韓国や台湾へのイメージは、たしかに変化しつつあり、感覚的な親近感は増している。さらに、「日本の周縁」への関心、つまりは「民族」としてのアイヌ、「地域」としての沖縄への関心も高まりつつあるし、交差点としての対馬《つしま》や済州島《さいしゅうとう》の役割にも注目が集まっている。

これらの、われわれの周辺で起こりつつある状況をまとめるならば、従来のような中国中心の東アジア理解からの脱却、東アジアの多様性への注目という傾向がみてとれる。そして、それは同時に、われわれ日本人にとっても、「単一民族神話」の崩壊とともに、日本人の文化アイデンティティのあらたな模索という問題と密接に関連しているといえよう。では、今、なぜ「周縁」「辺境」に関心が高まるのか？　テッサ・モーリス＝鈴木氏の解釈によれば、「辺境への関心が駆り立てられる下地には、アイデンティティと異種混合性の問題に焦点をあてて闘わされた近年の白熱した議論がある」と指摘したうえで、「辺境という存在が、国史を、地域史を、ひいては世界史を違った視座から再訪する旅の出発点」[モーリス＝鈴木 2000: 3-4]と意義づける。

1―「内陸アジア辺境」か「中国の周縁」か

「周縁」と「辺境」

今まで、なんの注釈もなしに「周縁」および「辺境」ということばを使ってきた。だが、それはどのように定義されるものなのだろうか。まず、「周縁」という表現には「中心」を想定した同心円モデルが前提として存在する。世界システム論のなかでは、「中心(Center)」から「周縁(Periphery)」、さらに「奥地(Hinterland)」へと、「文明」は波及すると説かれる。一方、「辺境(Frontier)」は、つねに「境界(Boundary)」と一体の概念である。人為的あるいは自然に設定された「線」としての「境界」にたいして、「辺境」は「空間」であり、つねに可変的な存在である。ちなみに、日本語の「周縁」「辺境」ということばには、つねにマイナスイメージがつきまとう。たとえば、組織のなかで「周縁」に位置するとか、「辺境」に追いやられるという表現には、力の「中心」から疎外されたものの悲哀がこめられている。英語の“Periphery”にも、同じようなニュアンスがあるかもしれない。ただし“Frontier”のほうは、“Frontier Spirit”という言い方にみられるように、なにかしら「開発」あるいは「開拓」の対象となる空間という含意があろう。日本の文部科学省は、「学術フロンティア計画」と名づけられたプロジェクトを推進中であるが、これには従来の学問領域の「境界」からはみでた課題を積極的に取り上げ、「研究開発」をおこなおうとする意図が見受けられるが、けっして「学術辺境計画」とは呼ばれない。

中国語（漢語）では、「辺境」は「辺疆」と表記され、それを英語に翻訳するとき“Borderland”と訳される。中華世界（中国）のなかでの“Borderland”としての位置づけであり、そこには「中華思想」とともに、現実的な「地政学」的視点が見受けられる。ちなみに、米国のアジア研究者、オーウェン・ラティモアは、日本の矢野仁一、入江啓四郎、あるいはソヴィエトのI・Y・マイスキーなどとともに、「内陸アジア辺境研究」の先覚者といわれるが、ラティモアは彼の著作のなかで“Frontier”という表現を用い、入江は「辺疆」を使っている。

最近の日本人、とくに若者のあいだでは、中国自体よりも、その「周縁」ないしは内陸アジアの「辺境」と呼ばれる地域への関心が起こっていることについては冒頭でふれたとおりであるが、これはあらたな動向なのであって、少なくとも十数年前までは、これらの地域についてはごく一部の専門家は別として、一般人が関心をもつことはまれであった。より正確にいうならば、井上靖の小説やテレビ・ドキュメンタリーの影響もあって、敦煌《とんこう》や楼蘭《ろうらん》、そして「シルクロード」は知られてはいたが、それは現実からは乖離《かいり》した、日本人が抱く勝手なロマンティシズムの対象であった。

むしろ、日本人の従来の「中国辺境」イメージが投影された端的な例としては、東北地方の某県をさす「日本のチベット」という表現がある。いつごろから、このようなことばが使われるようになったか、よくわからない。山嶺に囲まれ外界との交流が少なく、さらに人々の意識も閉鎖的という意味らしいが、もしそうだとすれば某県にたいして失礼のみならず、チベット人へも無礼千万このうえないことである。チベット人こそは、その長い歴史を通じて独自な文化をつくりあげ、また精神生活の領域でも今日の日本人が到達していない深い境地へといたり、豊かな思考を生み出したがゆえに、今、日本人の関心を惹いているからである。

いつから内陸アジアは「辺境」と呼ばれるようになったか

モンゴル、東トルキスタン、チベット、そして中国東北、ロシア極東地方は、地理的には中央ユーラシア地域の東部に位置するが、そこは古代より遊牧諸民族が活動する舞台であり、この地からモンゴル帝国、清帝国などの地域的世界帝国が登場した。この広大な地域は、近代にいたると、欧米人によって、中国の「周縁」地域、あるいは「内陸アジア辺境」地域ともいわれるようになった。だが実際に、「周縁」と化したのは、十八世紀以降の現象であって、「境界」をもつ地域的世界帝国(清帝国、ロシア帝国)の出現とともに、その政治的・領域的「周縁」となった。この地の一角から勃興した満洲民族によって樹立された清帝国の登場により、かえって「周縁」と化したのは皮肉なことである。さらには清帝国ないしはロシア帝国の「辺境」として「開発」の対象ともなった。

清朝は現在の中国東北地方から興り、しだいに勢力範囲を中央ユーラシアの東部と東アジアの全域へ拡大した。そしてその過程で、伝統的中華帝国の支配の論理を継承したが、その論理には「中心―周縁」同心円モデルが内在していたことに注目しなければならない（図1）。つまり、伝統的な中華国際秩序（いわゆる東アジア国際システム）には、儒教論理に基づき、中心（華）と外縁（夷）を隔てる秩序が存在していた。このような華夷秩序観は、長らく中華国際秩序のなかに組み込まれ、儒教・農耕文化圏に属する朝鮮、ヴェトナム、そして琉球には容易に認識されたであろう。事実、ヴェトナム、朝鮮は自らも「小中華」の論理を行使した。ところが、清帝国のなかの非儒教・遊牧文化圏、いわゆる「西北の弦月地帯」に属する、モンゴル、東トルキスタン、チベット、さらにはネパールへは、このような秩序観を持ち込むこと自体が無理なことであった。

伝統的中華帝国の論理がおよばない空間

中国の史書には、古くから外部世界からの「朝貢」の記録が記されている。しかし「朝貢」にきたと漢文の記録に書かれているからといって、中国皇帝に服属していた、あるいはその勢力下にあったなどとは単純にいえない。伝統的中華王朝にとっては、世界で「皇帝」はただ一人の存在であり、それゆえに「皇帝」なのであって「国王」ではない。周囲の諸民族とのあいだで対等な交際や、「外交」などという発想がそもそも存在しない。外界との交流は、すべて「朝貢」として、自らの論理にあてはめ記録された。一方、中央ユーラシア諸民族にとって「朝貢」の意義は、経済的利益をえること、つまりは一種の経済活動であり、さらに内部あるいは競合する近隣諸族にたいして、中国皇帝との関係を誇示することにより自らの威信を高めるといった効果も期待された。建前を重視する中華王朝、実質をとる中央

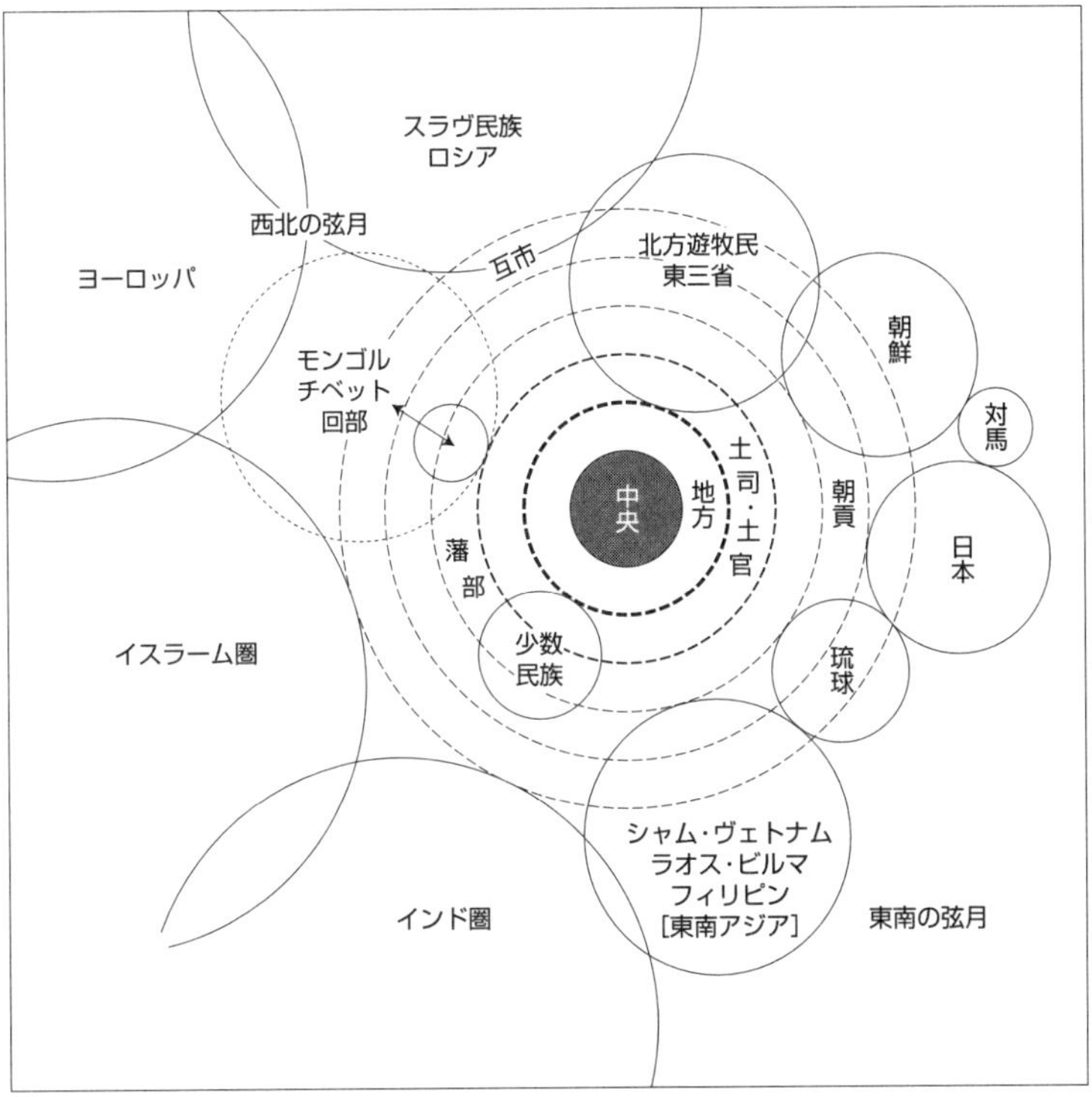

図1　清代を中心とした中国と周縁の関係　浜下武志氏のモデルによる。
浜下武志『朝貢システムと近代アジア』岩波書店、1997、10頁を参照。

ユーラシア諸民族、その微妙なバランスのうえに「朝貢」は維持されていた。編纂された漢語史料のうえでの記述と、現実とのあいだのギャップに留意しなければならない。

清帝国は、満洲民族という非漢民族によって樹立された帝国であり、その支配構造も多元的であった。モンゴル、チベット、東トルキスタンなどの非儒教・非農耕圏にたいしては、伝統的中華帝国の論理を使って、清朝による支配の正統性を説明することは有効ではない。当然、別の論理で正統性を説明し支配の根拠づけをしなければならない。たとえば、モンゴルについては、チンギス・ハーンに由来する皇帝権を清朝皇帝が継承し、モンゴル王公とのあいだは主従関係で結ばれているとされた。また、チベットにたいしては、チベット仏教教団の保護者としての清朝皇帝の位置が強調され、さらに清朝皇帝は文殊菩薩の化身と説かれた(図2)。

「中国」ないしは「中華」という漢語表現にかんして、漢字そして儒教を共有する文化圏では、地域の名称というよりは、世界の中心といった含意のある文化的表象概念として容易に理解されたであろう。ところが、清朝時代のモンゴル、チベット、トルキスタンなどでは、いずれの言語にもこのような「中国」ないしは「中華」に相当する語彙は存在していないし、背景となる「中華思想」もはいってこなかった。あるのは「漢人」および「漢人の住むところ」といった語彙だけである。そのような状況のもとにあるがゆえに、当然のことながら、清朝統治下のモンゴル人、チベット人、あるいはトルコ系の人々には、自分たちが「中華帝国の周縁」にいるなどという認識はありえなかった。清帝国はあくまでも、満洲皇帝を頂点とする支配体制と理解されていた。これゆえに、一九一一年の辛亥《しんがい》革命による清朝

図2　文殊菩薩の化身として描かれた乾隆皇帝　清朝宮廷が熱河避暑山荘の外八廟のひとつ、普寧寺へ寄進したものと伝えられる。北京故宮博物院所蔵。

崩壊とともに、モンゴル、チベットはそれぞれ独立をめざしたのであった。

帝国の境界

清朝創建よりほどなく、ヨーロッパ諸国のなかで清朝と「国境」という問題で対峙したのは、ロシア帝国であった。結果的に、一六八九年のネルチンスク条約、ついで一七二七年のキャフタ条約により、両帝国の「境界」が設定され、これ以降十九世紀なかば、ヨーロッパ列強の東アジアへの本格的進出が始まるまでの時期、露清関係は相対的には安定したものとなった。なによりも、当時の清帝国は隆盛をきわめており、これにたいしてロシアはいまだ対抗すべき実力をもたず、本格的なシベリア経営、さらには東アジアへ進出する態勢はできあがっていなかったことによる。ロシア側の認識によれば、清朝は「タタール人の帝国」であり、そして両国間のコミュニケーションは満洲語文書の交換によりおこなわれた。現在のロシア沿海州地方の「少数民族」、さらにはサハリン(樺太《からふと》)・アイヌにおいても、満洲皇帝とのあいだでゆるやかな、名目的な従属関係が存在していた。ただ、それは近代国際法がいう「実効支配」という状態ではなく、満洲人地方官への貢納という形式をとっていたことは、幕末期に間宮林蔵が自ら現地に赴き調査したうえで、『東韃紀行《とうだつきこう》』に書いているとおりである(図3)。

ところが十九世紀後半以降、衰退する清帝国にたいしてロシアは攻勢をかけ、まず一八五八年の愛琿《あいぐん》条約および六〇年の天津《てんしん》条約追加条約、さらには八六年の琿春《こんしゅん》東境界約により、沿海州がロシア帝国に割譲される。ついで「開国」をおこない、近代的な国家体制確立をめざす日本とロシアのあいだで、

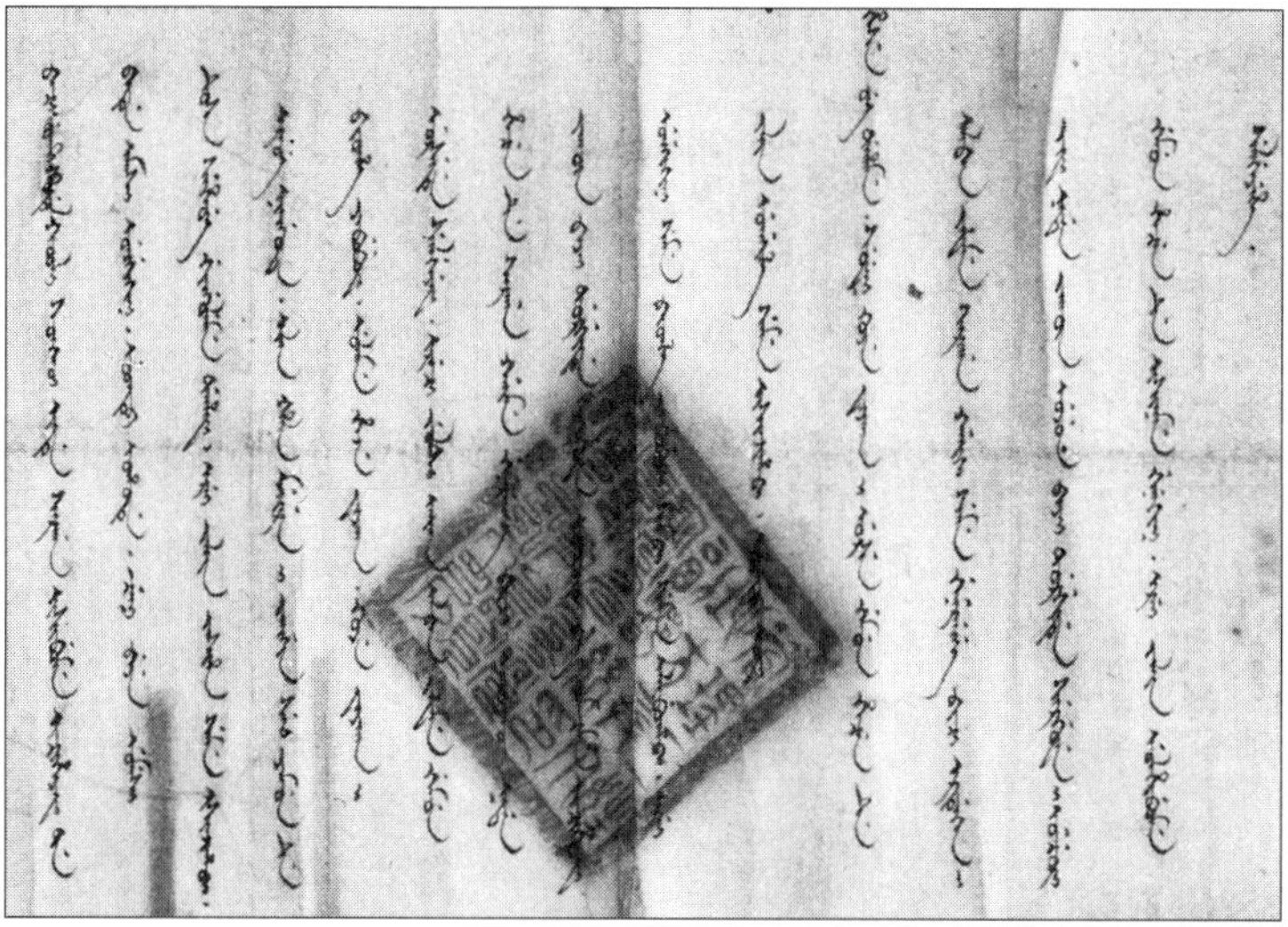

図3　樺太(サハリン)西岸ナヨロのアイヌ古老の家に伝わった満洲語文書(北海道大学附属図書館北方文化資料室所蔵)　乾隆40(1757)年に、現在の中国黒龍江省に駐在した三姓副都統から送られたもので、樺太アイヌと清朝との関係を示す貴重な史料。寛政4(1792)年に、最上徳内が樺太調査の折に実見、江戸期日本でもその存在が知られ松本信胤、高橋景保らにより日本語訳が試みられた。文書自体も数奇な運命をたどり、戦後に日本内地へもたらされた。池上二良「カラフトのナヨロ文書の満州文」『北方文化研究』第3号(1969年)、179〜196頁を参照。

樺太＝サハリン、千島＝クリール諸島をめぐる、今日にいたるも最終的な解決をみることのない領域紛争が起こるのは周知のとおりである。領有の「正当性」はともあれ、これらの地域は、近代世界においては、いやおうなく日露両帝国の「辺境」となり、その生活空間は開拓の対象となった。しかし、それ以前の時期において、時として近代以降においても、ロシア極東、沿海州、サハリン、千島列島、さらには北海道へとおよぶ、人間と文化の往来があり、独自の文化圏が形成されていた。

「周縁」といわれることへの反発と、明確化される「周縁」

今日、「東アジアの周縁」あるいは「内陸アジア辺境」といわれる地域に暮らす人々にとって、少なくとも近代にいたるまで、あるいは現在においても、自分たちがそのようなところに生活しているという自覚はいずれの場合でもなかった。「周縁」あるいは「辺境」と呼ぶのは、あくまでも外部世界からの視点にすぎない。一九九〇年代の初め、「民主化」が起こってほどないころのモンゴルへ、ユネスコ主催の「シルクロード探検隊」(なんとも、大時代な、「オリエンタリズム」に満ちた発想であろうか)の隊員に選ばれ、筆者は参加したことがある。一カ月におよぶ行程のなかで、各国隊員は一度ずつレクチャーをする決りであった。エジプト出身で「第三世界論」の旗手といわれた、サミエル・アミン氏も参加しており、講演の順番となった。氏は持論を展開し、モンゴルあるいは中央ユーラシア地域に言及して、大文化圏の「周縁(Periphery)」といったとたん、モンゴル国内参加者より強い異議が提出されたことを思い起こす。モンゴルは過去において、世界帝国を樹立し、独自の遊牧文明を興した。現在においても、中国やロシアとは異なる「文化」をもっている。それを無視して「周縁」などとは聞き捨てならないというのが反発の理由であった。

異議申し立をしたモンゴル人の心情は理解しうるし、さらにいえば「民主化」をへた現在のモンゴルは「国民国家」形成に成功し、伝統を継承したあらたな「国民文化」の創成をめざしているから、強く反発の声を発することができる。しかし、そのような国家装置をもたない人々の「文化」はどのようにして守られるのだろうか。一方で、今日の「世界」は「国民国家」ないしは「連邦国家」を主たるアクターとし、しかも「国家」の規模と力による序列づけ、階層化がはっきりし、さらに「グローバリゼーション」という一方的な強者優位のあらたな波が押しよせるなかで、「周縁」あるいは「辺境」はかえって明確化されているという現実がある。「国家」により構成される「世界」、そこで必要とされるのははっきりとした「境界」である。しかし「国家」の「境界」と、「民族」「文化」の「境界」はむろん一致しない。しかも「民族」や「文化」というものほど、一見、目に見える実体のようで、じつはとらえどころのないものはない。「国家」を越えて「地域共同体」をつくりだそうとする動きも、共同体にはいってえられる具体的なメリットにたいして、それぞれの「文化」が守られるかという危惧がつねに存在している。

2　「東北アジア」という不思議な地域空間

「地域」という言葉の曖昧さ

「周縁」あるいは「辺境」といわれる空間をどうとらえるか、という問題と関連して、「地域」ないしは「文化圏」についても言及せざるをえない。「地域」ということばも、曖昧《あいまい》な、論ずる者の立場により大きくも小さくもとらえられる存在であろう。たとえば「ヨーロッパ地域」「東南アジア地域」というときの「地域」は、相当数の国家をまたぐ空間であるが、中国の「地域史研究」というと、おおむね隣接する二省、つまり清朝時代の総督、巡撫《じゅんぶ》の管轄する範囲が「地域」としてとらえられる。さらに日本で政治家が「地域経済の振興」または「地域の皆様のために」と述べるときの「地域」は、本当に限定された小さな空間にすぎない。

日本の政治家がとらえる「地域」はさておき、広大な「アジア」を構成するいわば大地域である「東アジア」「東南アジア」「南アジア」「西アジア」「中央ユーラシア」そして「東北アジア」などは、誰がこのように分類し、そう名づけたのだろうか。特徴的なのは、これらのどの「地域」も、そこに生活する人々から生じた地域概念ではなく、欧米人が勝手に名づけたものにすぎないことである。たとえば「東南アジア」という地域概念は、第二次世界大戦時における連合国軍の日本にたいする反攻戦略区域から生じたといわれる。東南アジアは多様な文化、そして自然地理環境と民族構成を異にする国家群によって構成されているが、すでに地域概念としては定着しており、ゆるやかな地域連合体としてのASEAN(東南アジア諸国連合)も機能している。

「東アジア」もヨーロッパ来源の地域概念であるが、明治時代に「東亜」として日本語のなかに登場した。ただ「東亜同文」という表現に端的にみられるように、戦前の日本では「アジア主義」的含意がこめられていたともいわれる。ただし戦後は「東亜」という表記は「大東亜共栄圏」の連想もあって忌避され、「東アジア」と書きかえられ地理的名称としてよみがえった。「東アジア」をひとつの「文化圏」とみなす考え方も存在するが、それを即「中華文明圏」と言いかえることは不可能である。なぜならば「中華文明」からはつねに一定の距離をおいていた日本の存在があり、そして清朝時代にあっては、清帝国を「中華帝国」とは認識してはいない従属民族が存在していたことについては、すでに指摘したとおりである。

「東北アジア」の誕生

しかし「東アジア」や「東南アジア」以上に、摩訶不思議《まかふしぎ》としかいいようのないのが、「東北アジア」という地理的な空間であろう。おそらく「東北アジア」ないしは「北東アジア」という名で空間を設定する起源は、「北東タルタリア図」の作成に求められると思われる。世界像の図形化としての「世界図」の誕生は、オルテリウスの『世界の舞台』(一五七〇年)の出版にさかのぼる。刊行された五三枚の地図のなかに、「世界図」「アジア図」とともに「ロシア、モスクワおよびタルタリア図」「タルタリア図」「東インド図」「ペルシア図」「トルコ帝国図」などが含まれている。やがて、各図は地理的情報の拡大とともに、より精密に描かれるようになり、それぞれ発展をとげたが、アジア諸図のなかでもっとも情報が乏しかったのが、「タルタリア図」のなかの東北部であった。それが最終的には「北東アジア図」として完成するプロセスをたどるのだが、いわばアジア地図作成上の最後の未開拓地として残されたのが「東北アジア地域」であった。その理由として、当該地域にかんする地理情報が極端に乏しいという状況があった。そして「北東アジア図」――後述するように、正確にいえば「東北アジア図」というべきであろうが――の完成に貢献したのが、幕末の日本人であった。当時の日本は「鎖国」時代ではあったものの、長崎のオランダ人を通じてかなりのヨーロッパの地理知識を入手していた。しかもオランダはその時代にあっては、地図作成の最先進国でもあった。さらに日本は清朝からも多くの情報を入手していた。これに加えて、間宮林蔵に代表される日本人独自の地理調査によって獲得した知識を総合することによって、こと東北アジア、とくに間宮海峡を挟む沿海州と樺太地区については、幕末期の日本は当時の世界のなかで、もっとも正確な地理情報をもち、精度の高い地図を作成していた。その成果をまとめたものが、一八〇九年の「日本辺界略図」(図4)であろうが、やがて高橋景保《かげやす》をへてシーボルトの手にはいり、その著書『日本(*Nippon*)』を通じて、ヨーロッパで紹介された(図5)。

なぜ「満洲」は地域名となったか

十八世紀末ころから日本で作成された日本の「辺界」図、およびそれを翻訳・紹介したシーボルトの

『日本』所載図をへて、一八三〇年代以降のヨーロッパで出版された東北アジアにかんする地図には注目すべき事実がある。それは、「満洲」が地域名として表示されていることであり、このことは日本人、ヨーロッパ人そして「満洲人」のあいだの地域名にたいする感覚の相違を如実に示している。もともとモンゴル人や満洲人のような北方遊牧系民族のあいだでは、自分たちが生活し活動する空間について、身近の小さな「地名」は存在するものの、それを越えた大きな地域や領域の名を呼ぶときには、「〇〇族の土地」といったかたちで、おもに部族・民族集団の名称を転用していた。つまり、生活する空間の認識という点で、農耕民族にとっては「場」の区別こそが重要であったが、これにたいして遊牧系民族では、そこに暮らす「集団」の識別に意味があったといえよう。

「満洲（Manju）」は本来、民族名あるいは国号であって、「満洲人」や漢人のあいだでは地域の名称としては使われることはなかった。もし「満洲」を地域名として使うとすれば、清帝国全体が「満洲族の土地」であったはずである。また満洲語の語彙のなかには、のちの日本人や欧米人が地名として使う「満洲」に相当する地域名称は存在していない。はじめヨーロッパ人は、その地を「東のタルタリア」ついで「満洲族のタルタリア」と呼んだ。ちなみに、間宮林蔵の『東韃紀行』の「東韃」とは、この「東のタルタリア」の訳語である。十八世紀末の日本へヨーロッパからあらたなロシアあるいはタルタリア図が伝来し、それが利用され日本人が独自に入手した地理情報とも対照された。一般に、ヨーロッパ諸語においては、地名と民族名は語形で区別される。たとえば英語をみるならば、「地名」の「モンゴル」は“Mongolia”で、「民族名」としては“the Mongols”と表示される。ところが、ヨーロッパ渡来

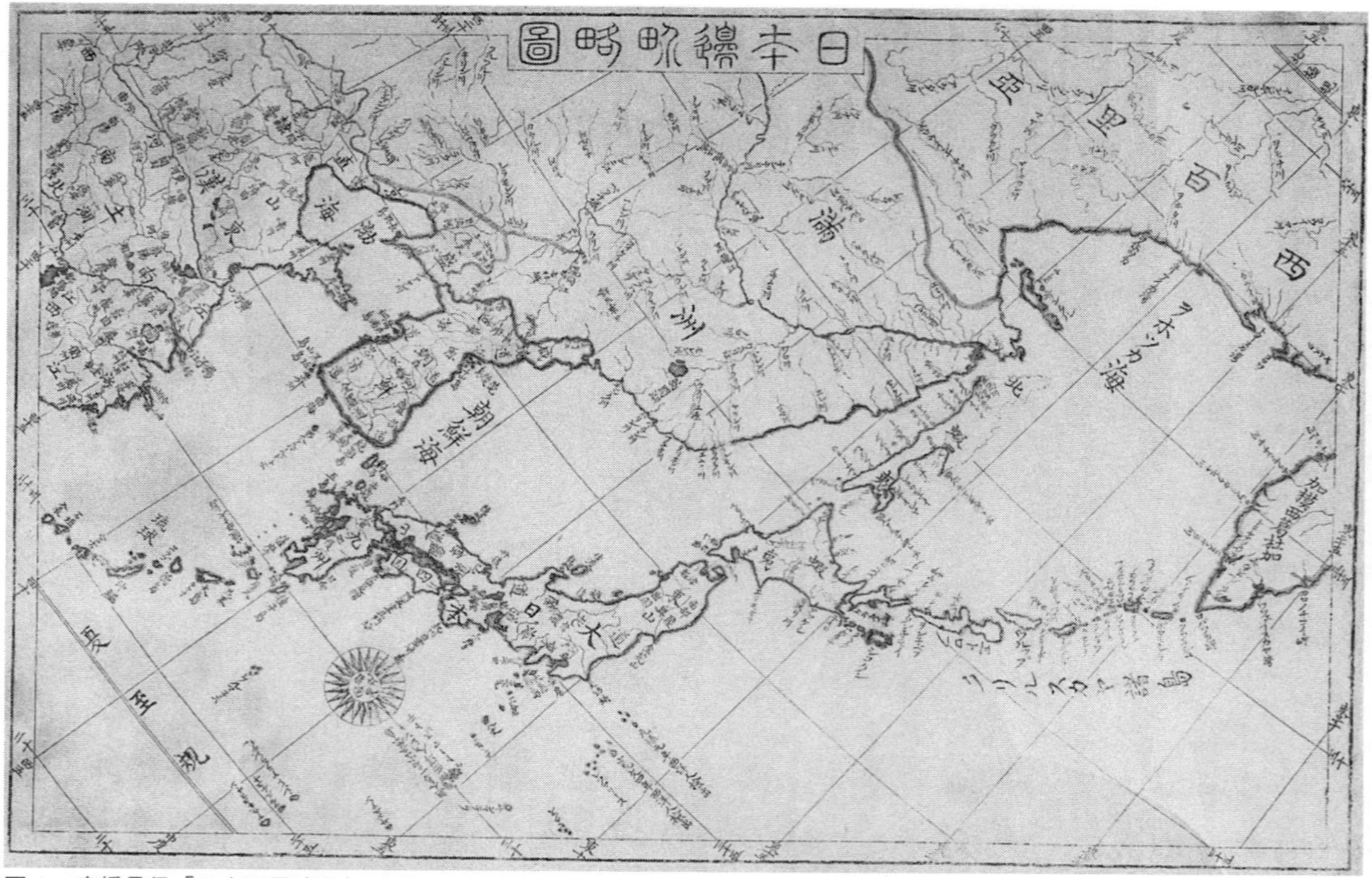

図4　高橋景保「日本辺界略図」 文化6(1809)年。

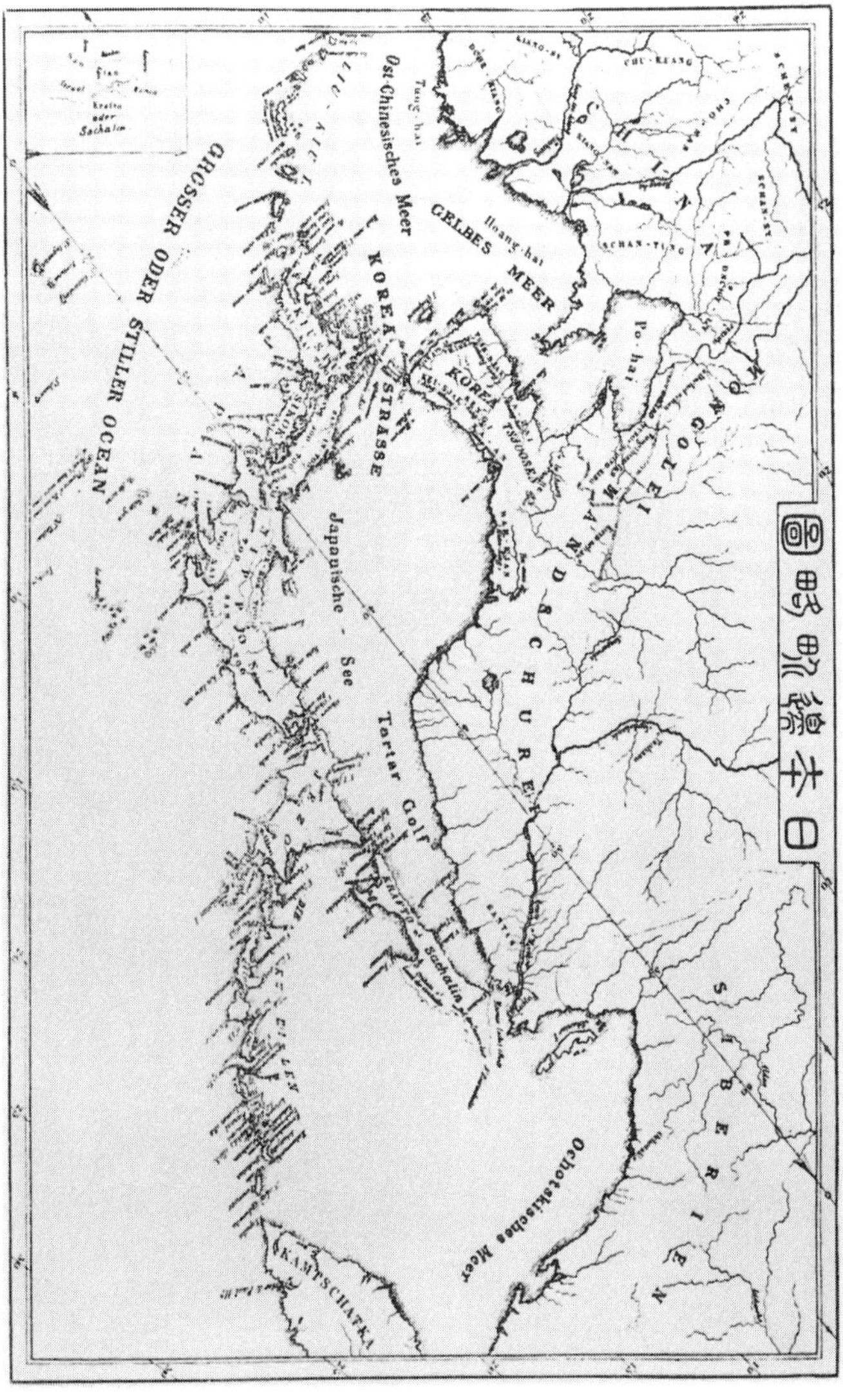

図5　シーボルトの『日本』(1832年)に翻訳・紹介された「日本辺界略図」　原図の「満洲」という個所(前頁図4参照)が、"Mandschurei" と表記されていることに注目されたい。

の地図を翻訳する際に、日本人の意識のなかには、そのようなヨーロッパ諸語にみられる民族名と地域名の語形上の峻別がそもそもなかったため、「満洲族のタルタリア」を簡略化して「満洲」と表記した。このようにして、おそらくはさして意識せずに地域名として日本で作成された地図にあらわされた「満洲」を、シーボルトは“Manchu”ではなく“Mandschurei”と地名表記に修正して用い、さらに英語形の“Manchuria”がヨーロッパで刊行される地図で普及したと考えられる。かくして、はじめ民族名であったはずの「満洲」は、日本およびヨーロッパでは地域名として使われるようになった。

文錯する「東北アジア」地域像

「北東タルタリア図」が発展し、最後まで未詳の箇所であった沿海州と樺太＝サハリン周辺が解明されることによって、「北東アジア図」が成立する。日本では不思議なことに、「東北アジア」と「北東アジア」と二つの表記が並存しているが、英語ならば“Northeast Asia”である。日本語の本来の方位感覚は「東西南北」の順であるからして、「東北アジア」というほうが適切なのかもしれない。さらに漢語、朝鮮語、モンゴル語などでも、「東北」と書いても「北東」とはいわない。ちなみに幕末の蘭学者で「語学の天才」といわれた、馬場貞由は、ニコラース・ウィツェンによる「東北タルタリア」にかんする地誌の先駆的著作、『北と東のタルタレイエ（*Noord en Oost Tartarye*）』（初版一六九二年、再版一七〇五年、三版一七八五年）を「東北韃靼《だったん》」と訳している。

もっとも、この「東北アジア」ないしは「北東アジア」という地域概念は、戦前期の日本ではごく例外的に、たとえば人類学者、鳥居龍蔵《りゅうぞう》などによって、欧米語文献からの影響を受けて使われているにすぎない。欧米諸国においても、あまり普及していた地域概念とは思われないが、ただカーナーによる書誌 *Northeastern Asia, a Selected Bibliography : Contributions to the Bibliography of the Relations of China, Russia, and Japan, with Special Reference to Korea, Manchuria, Mongolia, and Eastern Siberia, in Oriental and European Languages* が、一九三九年に出版されている。副題にみえるように、「朝鮮、満洲、モンゴル、東部シベリア」に重点をおいた、中露日関係の書誌であり、編者カーナーの抱く「東北アジア地域」像が推察できる。

「東北アジア」あるいは「北東アジア」という地域名は、戦後、とくに近年は、かなりあちらこちらで目にする。ところが、「東南アジア」あるいは「西南アジア」にかんしては、戦後の日本人はかなり明確な地域的輪郭を認識しているのにたいして、「東北アジア」は時と状況によって、いかようにも使われる地域概念であることは特徴的である。たとえば、前近代時期を専攻する歴史学者にとっては、朝鮮半島と中国東北部そしてロシア極東地方も含む、ツングース系民族の活動の舞台をさしており、この地から勃興した渤海《ぼっかい》、高句麗《こうくり》、金、高麗《こうらい》、そして李氏朝鮮王朝、清帝国などの活動を追う。近代史研究者にとっては、舞台は同じであっても、先のカーナーの「東北アジア」イメージと同じく、日本、ロシアついでソヴィエト、中国という帝国の勢力角逐《かくちく》の場としてとらえられる。つまり、舞台は同じであっても、演じる役者が異なっている。言語学者・民族学者にとっては、カムチャトカ半島から時としてアリューシャン列島も含み、ロシア極東、中国東北、朝鮮半島、日本やモンゴルの一部も加えた広大な地域が対象とされ、民族と言語の多様な状況が検討される。

現代の国際開発戦略研究者にとっては、図們《ともん》江流域の開発を中心とした関係諸国の協力関係が「東北アジア」の焦点であり、安全保障問題の専門家は、北朝鮮あるいは朝鮮半島をめぐる国際関係を、「東北アジア問題」としてとらえる。ちなみに日本外務省のアジア大洋州局には「北東アジア課」が存在する。そもそも日本外務省では、「中国課」はともかく、「南西アジア課」「南東アジア課」と、いずれも英語表記を直訳した、聞き慣れない地域名称を用いている。この「北東アジア課」は、朝鮮半島を担当する課であるが、「朝鮮課」とすれば韓国は当然反発するだろうし、一方「韓国課」とするとあたかも大韓民国のみを対象とするかのごとき誤解を避けた苦肉の命名とみるのは、いささか穿《うが》ちすぎか。

このように「東北アジア」あるいは「北東アジア」は、論ずる者の研究領域と問題意識によって異なり、その地域的輪郭も一定ではない。おそらく朝鮮半島が「東北アジア」に位置することは、誰しも異論はないはずだが、しかし朝鮮が「東アジア」へも属することは自明である。そうすると、「東アジア」と「東北アジア」との関係は、どのようにとらえるべきなのか。「東北アジア」は「東アジア」の下位地域概念で、もともと「東アジア」や「東南アジア」に並立するものではないのだろうか。先にみてきた「東北アジア」の使用例のうち、前近代史研究者や言語学者・民族学者のとらえる「東北アジア」は、一種の文化圏あるいは複合文化圏といえるであろう。しかしながら朝鮮半島については、「東北アジア文化圏」に属しながらも、「東アジア文化圏」にも位置する。ところが、清帝国の登場以降、さらにロシア帝国の到来、新興勢力である日本の進出のなかで、近代世界においては、「東北アジア」は

「東アジア」の「周縁」と化していくのである。

3 ―「満洲人」の境界

「満洲族」は民族か？

「地域」がフィクションで便宜的な存在だとすれば、「民族」もまた、とらえどころのない概念である。近代日本において、「民族」は“nation”ないしは“Volk”の訳語として成立した。したがって時として「国民」とも「民族」とも訳されてきた。しかし近年においては、“ethnic group”の訳語として「民族」が使われるようになっている。この「民族」を論じる際に、重視されるのが共通の言語なり価値体系、そして帰属意識であり、「われわれ」という意識、つまりアイデンティティのあり方が問われる。ところが、「われわれ」意識というものも不確かなものであり、一人の人間を例にとっても、時と場合によって、「われわれ」の範囲は変化することからも容易に理解されよう。先に「満洲」は「民族」の名称で、地域名としたのは日本人ついでヨーロッパ人であるとは記したが、はたして「満洲」という名の「民族」は存在するのか、あるとすれば、「満洲人」の「われわれ」意識とは、どの範囲をさすのかという問題を考えてみたい。

一六一六年、建州左衛のヌルハチは女真族を統一して後金国を興したが、その女真人社会は独特の軍事・行政組織である八旗《はっき》によって編成されていた。ついで後金は勢力を拡大し一六三六年に国号を大清としたが、来帰したモンゴル族、漢族、さらには露清国境紛争の際に投降したロシア人も八旗に編成された。このようにして八旗に編入されたものが「旗人」であるが、出自によって「満洲八旗」「蒙古八旗」そして「漢軍八旗」という。おそらくは、狭義の「満洲人」とは「満洲八旗」の人々をさすのであろうが、「旗人」に属する人も「満洲人」とみなされた。いちばん判断に困るのが「蒙古八旗」の存在であり、二人の事例を紹介したい。

二人の「旗人」は、満洲人かモンゴル人か

清朝時代、現在のモンゴル国首都ウラーンバートル、当時の漢語地名では庫倫《クーロン》には、清朝政府により大臣(庫倫辦事《べんじ》大臣)が任命され駐在し、モンゴル王公の監督や対露交渉の実務にたずさわっていた。清末においては、大臣ポストは二名あり、「満洲缺《けつ》」つまり満洲官僚から任命される大臣と、「蒙古缺」すなわちモンゴル王公のなかから選ばれる大臣からなっていたものの、実際は「満洲」枠大臣のほうが優勢であった。結果的に最後の「満洲大臣」として赴任したのが、三多(San dowa)という人物である。彼が庫倫に着任し清朝政府の意を体して、強引な政策を実行することにより、地元モンゴル王公から反発が起こり、モンゴル人はしだいに独立の方向へと進み出し、やがて辛亥革命による清朝体制崩壊のなかで、モンゴルの独立宣言がおこなわれる。この過程をみると、三多こそは、モンゴル人の「反清」ナショナリズムに火をつけた人物であったが、じつは三多は「蒙古八旗」の出身者であり、かりに今日の“ethnicity”という観点に立つならば、彼は「満洲人」ではなくて「モンゴル人」ということになろう。

だが「満洲缺」の庫倫辧事大臣へは、満洲旗人ばかりでなく蒙古旗人も任命されている。したがって当時のモンゴル人にとって、そして現在のモンゴル人にも、三多は「満洲人」として認識されていた。数年前のことだが、モンゴル科学アカデミーの歴史研究所で専門家を前に講演をしたおり、三多についてふれ、「満洲人」とみなすべきか「モンゴル人」というべきかむずかしいと述べたところ、モンゴルの民族主義を弾圧した張本人を「モンゴル人」出身とは無知もはなはだしいと総反発を受けたことがある。すでに現代のモンゴル人の「国民的記憶」からは、「蒙古旗人」という存在は消え、清末の満洲反動官僚としての三多の名のみが残っている。

三多より約一世紀ほど前に庫倫に駐在して、キャフタ条約締結に尽力したのが、同じく蒙古旗人出身の松筠《しょういん》(Sungyun)であった。松筠は、乾隆《けんりゅう》・嘉慶・道光三代を生き、翻訳官から身を起こし、軍機大臣、国史館総裁、吉林《きつりん》将軍、駐蔵大臣などの要職を歴任した、清代屈指の大物文人官僚であるが、その著作のひとつに、満洲語で書かれた『百二老人語録(*Emu tanggû orin sakda i gisun sarkiyan*)』がある(図6・7)。満洲語で記された文書・文献は今日まで大量に残され、清朝の歴史と文化研究のための重要な資料となっている。ところが、これら満洲語文献のほとんどは、漢語古典からの翻訳、仏典、実用書、あるいは編纂された史書などであり、「満洲人」が満洲語で自らの心情を綴った著作は乏しい。そのようななかで、例外的ともいえる、きわめて貴重な存在が松筠による『百二老人語録』であり、しだいに清朝が衰退の兆しをみせる時代背景のなかで、老人による一二〇の挿話という形式をとりながら、旗人の生活を記し、その徳育を説いた書物である。この松筠においても、アイデンティティのあり方を

図7 松筠の肖像

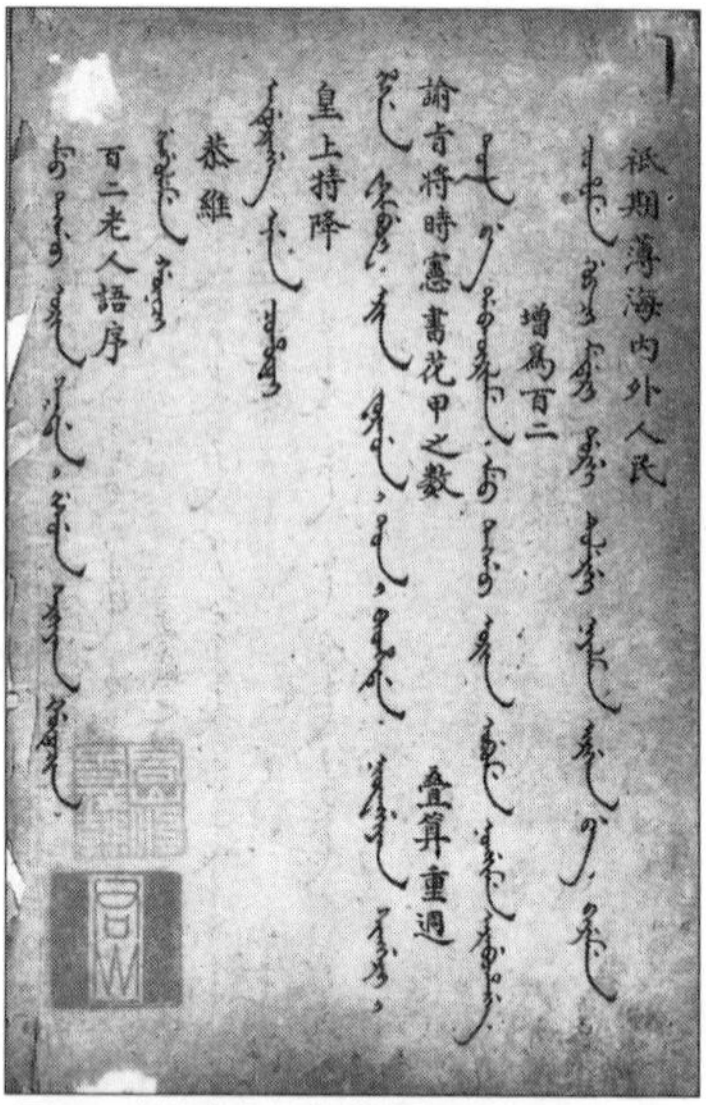

図6　東洋文庫所蔵満漢合璧鈔本
「百二老人語録」

「百二老人語録」の鈔本は、満洲語本、満漢合璧本、漢語本など、完本・不完本あわせて14種がいまのところ世界で確認されている。東洋文庫所蔵鈔本は、戦前の著名な清朝史・朝鮮史研究者、稲葉岩吉が愛蔵していたもので、長らく行方不明であったが、数年前、再発見された。稲葉は、この鈔本をもとに、「百二老人語録」の内容をはじめて世に紹介した。松筠の肖像画は、道光3年に描かれた「観玉堂十五老臣画像」のひとつで、松筠の人品をよく伝えている。

みるならば、「旗人」という「われわれ意識」が存在している。しかし、だからといって、松筠そして三多においてさえ、モンゴル人という出自を忘却しているわけではない。満洲人は満洲語を媒介とした創作活動をあまり発展させることができなかったが、旗人たちが漢語で記した文学著述は「八旗文芸」として隆盛をきわめた。三多も清末期の著名な作家の一人であるが、つねに詩集においては「蒙古三多」と署名している。おそらくは清朝時代における、「旗人」そして「満洲人」「モンゴル人」の範囲は、近代的な概念としての「民族」で分けられる「境界」のなかには、おさまりきらない存在であったと考えられる。

現在の中国における「民族」の概念と範囲にも独特なものがある。この点でいちばん知られていて奇異に感じるのが「回族」の存在であり、これは「中国化」したイスラーム教徒といわれるが、「民族」と認定されている。そして、最大多数「民族」である「漢族」が、ひとつの「民族」としてとらえうるものなのか、その根拠は判然としない。

多様な東アジア

アジアを眺めるとき、「民族」や「地域」の実体は多様である。いかようにも、とらえる側の視点により認識が可能なものである。とりわけ「大地域」はまったく外部からの命名にすぎないし、「地域」、「民族」、そして「国家」として分け隔てられる境界も、それぞれに歴史的な経緯や根拠はあるにせよ、近代において登場したものである。では、ある場所に生活する人間集団の目線に立つとき、どこまでが

「われわれ」で、「われわれの空間」とはどこをさし、次世代に継承すべき「われわれの文化」とはなにか。巨大国家と対峙する、あるいは「国民国家」にいまや吸収されようとする、ないしは中心から距離をおいた「周縁」あるいは「辺境」といわれる空間、そこに生活する人々とその文化に、最近の日本では関心が高まっているのは事実である。しかし、その「周縁性」や「辺境性」のあり方は一様ではない。さらに多くの場合、人々には「周縁」や「辺境」に居住しているという自己認識もまずない。本書では、そのような空間に住む住民の視点から「民族」、「地域」、そして「文化」の動態を探る。執筆者のディシプリンと研究関心、そして取り上げる地域によって、アプローチの方法は当然に異なってくる。

まず第一章「東北アジアと東アジアの境界――サンクト・ペテルブルグのサハリンアイヌ民族資料に寄せて」では、執筆者による一九九五年以来のロシア連邦における精力的なアイヌ民族資料調査の実績に基づきながら、サハリン・アイヌの文化を取り上げ、「衣文化」という具体的なファクターを手がかりとして、その造形にみられる「闊達《かったつ》な創造性」の由来を、「周縁性」と「多元性」に求める。その文化がどのような意味で「周縁的」であるか、そして「周縁」における文化のダイナミズムとはなにかを探る。

第二章「中央アジアと東アジアの境界――中央アジアからみた中華世界」では、中央アジア、とくにタリム盆地周辺のオアシス住民の意識に焦点をあてる。この地域は、近代世界においては、外部世界から「内陸アジア辺境」あるいは「中国辺境」といわれたが、歴史的には独自の「中央アジア文明」をはぐくんできた舞台でもある。固有の文明世界に属する中央アジアの人々が、歴史的に東アジア（中華）文明をどのように認識していたかという問題を、執筆者ならではの該博《がいはく》な知識をもとに探る。多くの文明が交錯する場では、当然のことながらさまざまな接触と文化変容が生ずると理解しがちではあるが、結論として「中央アジアは中華文明にたいし、その物質文明を除けば、ほとんど関心らしい関心を示したことがない」と指摘する。その理由として、当該地域は複数の文明のあいだでの選択が可能であり、つねに中華文明以外の選択をしてきたという歴史的背景をあげる。

第三章「南アジアと東アジア・中央アジアの境界――ネパールの事例を中心に」では、南アジア世界と東アジア・中央アジア世界の交差するヒマラヤ地域のなかのネパール王国を取り上げ、豊富なフィールドワークの経験に基づき、「国家レヴェルでの周縁性」を論じ、さらにチベットと南アジア文明の周縁であると同時に、ネパールという国家のなかでも周縁であるビャンス地方に焦点をあて、「人々の実際の生活に見られる周縁性や境界との関わり」を検討する。執筆者は「周縁を文脈抜きで自明視することなしに、周縁について具体的に議論すること」をめざす。そして「世界の周縁」という当該地域にたいするイメージと、そこに生活する人々が「逆に自らの周縁性をみいだし、それを利用し、同時にそれに拘束されていく現象」をも指摘する。

第四章「東南アジアと東アジアの境界――タイ文化圏の歴史から」においては、タイ系民族によって樹立された王国が存在したという歴史的記憶のうえに、現在は六つの国家の領域にまたがる、「複雑な言語・文化モザイクが織りなす複合文化圏」としての「タイ文化圏」を取り上げる。このような「文化圏」の存在は、近年において執筆者をはじめとする識者により指摘されたものだが、「国境線より、国と国の底流に流れる言語・文化・歴史の絆」に注目し、近代的国家の成立と境界の設定によって等閑視されてはいるが、「タイ文化圏」という概念を設定することが、この地域の歴史と文化を理解するうえで有効であることを説く。

終章「辺境学からみた地域・民族・国家」では、優れた現代中国研究者であり、かつ中国の民族問題にも詳しく、「内陸アジア辺境」地域に関心をもつ執筆者が、なにゆえに「辺境」に魅了されるか自問する。もともと執筆者にあっては、「地域研究」の立場をとることにより、国境を越えた視点と国家の呪縛から解放され、近代西欧起源の社会科学を相対化し、そこにはおさまりきれない「人々の行為や価値」にふれることで、既存の社会科学を豊かにするという期待がある。そして「内陸アジア辺境」研究の先覚者でもある、オーウェン・ラティモアの所説をみながら、「辺境」からの視座が、ある「国家」の実相をみるときの「あらたな視座」を提供することを指摘する。そして近代国際関係のうえで「辺境」を舞台として展開される幾多の政治勢力の角逐、その「謎解き」のおもしろさとともに、弱者にとっての「過酷な歴史」をかいまみる。「辺境」に生きる「民族」の状況とその「国家」志向の強さをあげて、「現代を解くために、また未来を展望するために」、「辺境学」がますます重要になると結ぶ。

参考文献

テッサ・モーリス＝鈴木、大川正彦訳『辺境から眺める――アイヌが経験する近代』みすず書房　二〇〇〇年

中見立夫「地域概念の政治性」（溝口雄三・浜下武志・平石直昭・宮嶋博史編『アジアから考える1　交錯するアジア』東京大学出版会　一九九三年）二七三～二九五頁

中見立夫「〝北東アジア〟はどのように、とらえられてきたか」（『北東アジア研究』第七号　二〇〇四年三月）、四三～五六頁

ブルース・バートン『日本の「境界」――前近代の国家・民族・文化』青木書店　二〇〇〇年

浜下武志編『シリーズ国際交流③　東アジア世界の地域ネットワーク』山川出版社　一九九九年

浜下武志『朝貢システムと近代アジア』岩波書店　一九九七年

坂野正高『近代中国政治外交史――ヴァスコ・ダ・ガマから五四運動まで』東京大学出版会　一九七三年

押野（船越）昭生「地理的認識過程よりみたロシアと北東アジア」（『史林』第四三巻第六号　一九六〇年十一月）、一～三四頁

船越昭生『北方図の歴史』講談社　一九七六年

船越昭生『鎖国日本にきた「康熙図」の地理学史的研究』法政大学出版局　一九八六年

John K. Fairbank（ed.）, *The Chinese World Order*. Cambridge, Mass.: Harvard University Press, 1968.

Owen Lattimore, *Inner Asian Frontiers of China*. New York: the American Geographical Society, 1940.

Tatsuo Nakami, "Some Remarks on the *Emu tanggû orin sakda i gisun sarkiyan*", Carsten Naeher, Giobanni Stary, and Michael Weiers（eds.）, *Tunguso-Sibirica* 8（Wiesbaden : Harrassowitz, 2002）, pp. 79–96.

第一章　荻原眞子

東北アジアと東アジアの境界

サンクト・ペテルブルグのサハリンアイヌ民族資料に寄せて

海外のアイヌ民族資料

一九八〇年代中ごろからのアイヌ文化研究にはそれまでとは異なる二つの大きな潮流があるといってよかろう。ひとつは歴史学における潮流で、日本列島の東北以北の歴史を照射する取組みであり、そのなかでアイヌ社会の役割や実態が一層明らかにされてきている。このような試みは日本文学史にも反映され、『岩波講座　日本文学史』第一七巻では「アイヌ文学」が紙数の半分を占め、アイヌの口承文芸の現代における諸相がいろいろな観点から論じられている。もうひとつは海外におけるアイヌ資料の調査である。これは一九八三年から二〇〇一年まで、前後一〇回以上にわたってヨーロッパ、北アメリカ、ロシアの各地にある博物館、美術館、研究機関などに保管されているアイヌ資料の所在を明らかにすることを目的としておこなわれてきた。この調査の最初の試みは一九八三〜八六年にボン大学のJ・クライナー教授のもとでおこなわれたドイツと日本の研究者チームによるもので、その結果、ヨーロッパ各地の二九の博物館などに約五五〇〇点程のアイヌ資料が存在していることが明らかにされた。その後、一九九〇〜九二年、九四〜九六年には名古屋大学の小谷凱宣教授(現在は南山大学)のチームによってカナダ、アメリカ合衆国にある一七の博物館、研究機関などで約三〇〇〇点の資料の所在が確認された。そして、ロシアでは一九九五〜二〇〇一年に筆者を含めた日本とロシアの研究者グループによる調査が続けられ、その結果、ペテルブルグの二博物館および西シベリアの都市オムスク、極東はユジュノ・サハリンスク、ハバロフスク、ウラジヴォストクの各博物館にあわせて約五〇〇〇点程の資料があることが明らかになった。

海外のアイヌ民族資料とは、博物館に陳列されるような生活文化の全体を示す資料のことをいい、具体的には衣食住、運搬・交通手段、信仰儀礼などの物品とその収集にかかわる文書資料などである。また、江戸時代の絵師によって描かれたアイヌの風俗画、いわゆる「アイヌ絵」を所蔵している博物館もあり、それはかつてのアイヌ社会における日常生活の様相を知るうえだけでなく、日本美術史にとっても大変貴重な資料である。このような資料を入念に調査するには、アイヌ文化に通じた専門的な知識と調査技能が求められる。たとえば、ロシアでの調査グループは毎回一〇人前後であったが、その主な構成員は国内各地の博物館などでアイヌ文化の研究に深くかかわってきた学芸員たちであった。日本側グループはロシア側の博物館員・民族学者とともに、着物や食器のひとつひとつについて台帳に記載されている品名、採集者、採集地、採集年などを確認し、その素材や特徴、大きさを記録し、さらに数枚の写真を撮影する(これにも専門的な技能が必要である)という一連の作業をおこなった。このような手続きをへた調査研究の結果、今日、ロシアを含め海外には全体でおよそ一万三五〇〇点程のアイヌ資料があることが判明したが、それを集大成する作業はこれからの課題である。さしあたっては、これまで国内資料に基づいて研究されてきたアイヌ文化について、海外のアイヌ資料をも踏まえた再検討や再構築を進めることが必要である。

ところで、なぜ、これほど膨大なアイヌの民族資料が海外にあるのかということについて、そして、ロシアにある博物館資料についてその由縁にふれておかなければならないであろう。ヨーロッパ人が日本列島北方の異民族に関心をよせたきっかけは、おおざっぱにいえば、コロンブスがアメリカ大陸と「遭遇」して以降の、ヨーロッパ人による大航海、植民地化という世界史の流れと無縁ではない。東南アジアから日本へ進出してきた宣教師たちは列島の北方にいる異民族について得た情報を本国へもたらした。直接的な知見に基づく情報は、十七世紀初めに日本へやってきて布教活動をおこなったイタリア人のジロラモ・デ・アンジェリスなどの宣教師をはじめとして、その後は北方海域を探検調査した航海者や蝦夷地《えぞち》の探検者たちによる報告書や記述であった。十八世紀末から十九世紀初頭にはC・ラ・ペルーズ、A・J・クルゼンシュテルン、W・R・ブロートンなどの航海者たちがアイヌに接してあらたな情報をもたらしたが、それはアイヌとその社会を好意的に描き理想化していたために[クライナー 1997:9–25]、ヨーロッパ人のあいだにこの極東の異民族にたいする関心を呼び起こし、やがてアイヌの民族資料がさかんに収集されてヨーロッパ各地の博物館におさめられることになる。北アメリカにおけるアイヌ資料収集は一九〇〇年前後から始まり、一九〇四年のセントルイス万国博覧会が重要な契機ともなり、人類学者や多様な研究者が大きな役割をはたしたことが顕著な特徴であるといえよう。

これにたいして、ロシアの各博物館のアイヌ資料の収集は、いくつかの北方地域における歴史的な特殊事情によって説明される。まず、十六世紀に始まるシベリアの征服と植民地化の動きは極東、北太平洋の海域にまでおよび、十八世紀初期から中ごろには探検隊や航海者たち、ついでアラスカに設けられた露米会社の調査船などが千島《ちしま》列島や樺太《からふと》でアイヌやほかの先住民たちと接触した。もっとも早期の博物館資料はその際に収得されたものである。十八世紀のなかばからは、博物学者などに指揮された本格的な学術調査がおこなわれる一方、サハリンへ赴任してきた専門家や医者、官吏たちによって資料が集められた。このような資料はコレクションとしてある程度のまとまりをもっていることが多い。

その後、十九世紀末から二十世紀にかけての時期には、きわめてロシア的な特殊事情であるといってよいが、帝政下の政治運動にかかわって逮捕されシベリア各地に送られた政治囚の貢献がある。サハリンは帝政ロシアの版図のなかでもっとも僻遠の流刑地であったが、ここにはその後民族学者として名をなした優れた青年たち、ロシア人のレフ・シュテルンベルグとポーランド人のブロニスワフ・ピウスツキがいた。サンクト・ペテルブルグにある「科学アカデミー人類学民族学博物館」に所蔵されているコレクションの大半はこの両者に負うている。同地にはもうひとつ「ロシア民族学博物館」があり、そこに所蔵されている二二のコレクション、約二八〇〇点はロシアのみならず海外における最大のアイヌ資料である。これは皇帝アレクサンドル三世を顕彰するために創設された博物館のひとつで、アイヌ資料の大部分は一九一二(大正元)年にニコライ・ヴァシーリエフが、南サハリンの各地と北海道の日高で収集したものである。それゆえに、当館の資料は空間的にも時間的にも限定され、素姓の明らかな資料として、一九〇二〜〇五年のピウスツキ収集の資料に匹敵するものといえよう(表1)。

極東ではハバロフスク、ウラジヴォストクにそれぞれ郷土博物館があり、少数のアイヌ資料が所蔵されている。また、ユジュノ・サハリンスクの「サハリン州郷土博物館」は歴史的に日本と格別に深いかかわりをもっている。この博物館は日本時代(一九〇五〜四五年)には豊原博物館と称され、当時のアイヌ資料を一〇〇点程所蔵している。ただ、惜しいことに、関連するデータが終戦時の混乱で散逸し皆無である。しかし、当時からの所蔵品のなかには、鹿革の小札《こざね》を革ひもで綴《と》じた鎧《よろい》や丸木舟など注目すべきものがある。また、終戦後、アイヌが北海道へ移住する間際に収集された多彩な資料もあり、それらは二十世紀中ごろにサハリンでアイヌがどのような生活をしていたかをうかがわせて興味深い。

1―サハリンアイヌの衣文化の多元性

アイヌ文化と衣服

かつてアイヌが居住していたのは本州の東北部から北海道、サハリン(樺太)、千島列島におよぶ広範な北方地域であったが、民族集団としての居住は千島列島では十九世紀末まで、樺太では第二次世界大戦までであり、今日では主として北海道がその居住地である。他方、アイヌ文化は歴史的にどこまで古くたどれるだろうかという点については、はっきりしない。古代におけるエミシ、エゾがはたしてどのような民族集団であったかということが明確でないこと、また、中国の史書に登場する「毛人」、「クイ、クギ」と発音される漢字表記の民族名がはたして「アイヌ」に同定されるかというような問題があるからである。そして、その本質的な議論はなにをもって「アイヌ文化」とするかということにある。このような問題に見通しを与え、アイヌの全般的な通史が書かれることが望まれる。それだけに、上述のような海外のアイヌ資料の悉皆《しっかい》調査の成果をどのように「アイヌ文化」の再構成にいかせるかということも、これからの研究の大きな課題となろう。ロシアでは千島アイヌの資料はサンクト・ペテルブルグの「人類学民族学博物館」だけが蔵し、ほかには例がないが、サハリンと北海道のそれは全般的に大変豊富である。とくに、サハリンアイヌの民族資料の膨大な所在を確認できたことはロシアでの調査の大きな成果のひとつである。ところで、アイヌ文化を全体として「周縁的」ととらえることを前提とするなら、そのなかでもサハリンアイヌ文化はどのような意味で「周縁的」であるだろうか。そして、「周縁」における文化のダイナミズムはどのようなものであるのか。そのことを衣文化について探ってみたいと思う。

アイヌ文化をイメージするときすぐに思い浮かぶのは、じつにさまざまな文様のある着物であろう。その素材には犬・熊・アザラシ・トドなどの獣皮、サケ・マスなどの魚皮、オヒョウやシナノキなどの靭皮《じんぴ》繊維、イラクサの繊維、木綿、絹、羽毛などがある。このような素材がさまざまに組み合わされて、服や着物ばかりでなく、帽子や被り物、手袋、手甲《てっこう》、脚絆《きゃはん》、多様な履き物、前掛、猟師用のスカー

表1　ペテルブルグ博物館のアイヌ民族資料一覧

A）　ロシア科学アカデミー人類学民族学博物館(MAE)

No.	収蔵、登録年	推定収集年	収集者	収集地
820	—	1747以前	クンストカメラ*	千島列島
4685	1894–95	1806–07	G.I. ダヴィドフ	サハリン島
810	1826収蔵		海軍省	千島列島
809	1840収蔵	1839	I.G. ヴォズネセンスキー	千島列島
178	1888収蔵	1853–57	L.I. シュレンク	アムール
733	—	1854–55	R.K. マーク	サハリン島
209	1891収蔵		P.I. スープルネンコ	サハリン島
345	1897	1879–80	A.V. グリゴーリエフ	エゾ島
811	1879	1879–80	A.V. グリゴーリエフ	エゾ島
138	1882	1880–82	P.S. ポリャコフ	サハリン島
1052	1880	1880–82	P.S. ポリャコフ	南サハリン
202	1890		P.I. スープルネンコ	サハリン島
615	1868		ロシア地理学協会	サハリン島
629	1891収蔵		ロシア地理学協会	北東アジア
482	1899収蔵		K.N. ポシエット	サハリン島、アリュシャン列島
656	1902収蔵		L.Ja. シュテルンベルグ	サハリン島、沿アムール地方
837	1904収蔵	1902–05	B. ピウスツキ	サハリン島
700	1903収蔵	1902–05	B. ピウスツキ	サハリン島
829	1906	1902–05	B. ピウスツキ	サハリン島
1039	1906収蔵	1902–05	B. ピウスツキ	南サハリン
3125	1903–05	1903–05	B. ピウスツキ	サハリン島
839	1904	1903	B. ピウスツキ、W. シェロシェフスキ	エゾ島
2803	1914収蔵		B. ピウスツキ	サハリン島
4974	1947	1947	M.G. レーヴィン、I.P. ラヴロフ	サハリン島
4375	—		—	—
1802	—		(絵画2点：アイヌ女性像)(帝国磁器工場)	
1928	—		(絵画1点：アイヌ男性像)	

*クンストカメラは現「人類学民族学博物館」の前身。創設は1714年であるが、1747年に大火があり、その際に救出された資料。

B）ロシア民族学博物館(REM)

No.	レコード数	収集者	収集年	収集地
64	33	P. Yu. シュミット	1902登録	サハリン
2806	101	V. N. ヴァシーリエフ	1912	サハリン
2807	60	V. N. ヴァシーリエフ	1912	エゾ
2808	29	V. N. ヴァシーリエフ	1912	サハリン
2809	15	V .N. ヴァシーリエフ	1912	エゾ、サハリン
2810	85	V. N. ヴァシーリエフ	1912	サハリン
2811	57	V. N. ヴァシーリエフ	1912	エゾ
2812	186	V. N. ヴァシーリエフ	1912	サハリン
2813	102	V. N. ヴァシーリエフ	1912	エゾ
2814	63	V. N. ヴァシーリエフ	1912	エゾ
2815	70	V. N. ヴァシーリエフ	1912	サハリン
2816	107	V. N. ヴァシーリエフ	1912	サハリン
2817	101	V. N. ヴァシーリエフ	1912	エゾ
3006	63	V. N. ヴァシーリエフ	1912	エゾ、サハリン
4926	127	V. N. ヴァシーリエフ	1912	エゾ、サハリン
5102	296	V. N. ヴァシーリエフ	1913	エゾ、サハリン
5110	271	V. N. ヴァシーリエフ	1913	エゾ、サハリン
6756	86	V. N. ヴァシーリエフ	1913	エゾ、サハリン
6957	1	(多様な収集者による多様な民族の楽器コレクション)		
6831	7	(日本の収集品)		
8761	150	(モスクワ万博委員会)*		
8762	61	(モスクワ万博委員会)**		
計22	2577			

*　ピウスツキ資料71点(1910年、北海道サル・モンベツ／記載なし)を含む。

**　ピウスツキ資料11点(1910年、北海道サル・モンベツ)を含む。

トなどがつくられた。サハリンアイヌのこのような服飾の種類、素材の多様性、独創性にあふれた衣文化を見渡すとき、それが全体として北海道アイヌのそれとは異なる特徴をもっていることに気づかされる。サハリンにはアイヌの隣人としてニヴフ、オロッコ（ウイルタ）、その他のさまざまな異民族が居住しており、また、大陸沿岸部からも頻繁な人の往来があった。異民族との接触交流は明らかに、アイヌの文化のあり方に反映し、衣文化の多元性を生み出している。サンクト・ペテルブルグの博物館の資料はどれもが一〇〇年近く、あるいはそれ以上の年月をへているが、あるものは自由奔放な発想と生命力にあふれた闊達《かったつ》さをみせ、あるものは沈静した奥深さを秘めており、人の心を楽しませ、さまざまな想像をかき立てもする。かつてはどこの社会でもそうであったように、家族の衣生活をまかなうのは女性の役割であった。アイヌの生活でも赤ん坊のものから子供や大人の衣類、それに死装束まで、被服はすべて女性によってつくられ、調達されたであろう。衣文化には民族に共通する嗜好《しこう》性や傾向があり、それはまた素材を規定する社会経済的な要因とも結びついているが、それと同時につくり手の個性や創造力が発揮される。だとすれば、衣文化の多元性は異民族との交渉ばかりでなく、異民族との婚姻をも含む家族構成の多様性をも示唆しているかもしれない。このことはアイヌ文化におけるサハリンと北海道の地域差を考えるうえで大事なファクターのひとつではないかと考えられるのである。

さまざまな素材

北方では毛皮衣はもっとも一般的な素材であるが、犬や熊、アザラシなどの毛皮の加工はアイヌに隣接するニヴフ、ウイルタ、それに対岸のアムール川流域の諸民族によく知られており(図1〜4)、生皮を乾燥させる木枠やなめし具、縫製するのに必要な腱《けん》糸《し》や針なども明らかである。その技術がどの程度までアイヌのもとで共有されてきたかはあまり明らかでない。同じように、羽毛衣は千島アイヌでよく知られているが、サハリンアイヌには羽毛でつくられた帽子が数点あるだけである。ただ、その巧みな造形美には意表をつかれる思いがするが、そのユニークな被り物はアイヌにとって一般的であったというよりは、気紛れな遊び心による造形であるようにも見受けられる(図5〜7)。

魚皮衣にかんしていえば、アムール川流域の諸民族では古くから魚皮衣がさかんにつくられ、中国の史書ではこの地域の住人をさして「魚皮韃子《ユーピターズ》」と記されている。サケ・マスや鯉などの鱗《うろこ》を取り除き、その皮を木槌でたたいたり揉《も》んだりしてしなやかにし、それを数十枚も縫い合わせて衣服がつくられるが、尾びれや背びれをとったあとの穴には魚皮を小さく切ってあて、まわりをかがる。魚皮衣はユーラシア大陸でもとくに極東地域に発達した被服であるが、そのなかでもアムール川中流から上流のトゥングース・満洲語系の諸族、とくにウリチ、ナーナイではしなやかに仕上げた魚皮衣に多彩色の絢爛なアップリケや刺繡《ししゅう》がなされた美しい花嫁衣装がみられる。ところが、そのような装飾のある衣装は、アムール川下流からサハリンの諸族、すなわち、ニヴフやウイルタ、サハリンアイヌにとっては異質であるように思われる。すなわち、ニヴフやアイヌの魚皮衣は、ウリチやナーナイの前合せの深い、いわば、チャイナドレスの仕立てとは異なり、前身頃は学生服のような打合せで、腰の部分に切替えがあり、下はゆったりとしたフレアになっている。そして、装飾は襟、袖口、前立、裾《すそ》に色ものの細布で縁取りを

サハリンアイヌの衣類のあれこれ

図1　アザラシ皮のコート　肩、襟、裾に朱、青、紺の木綿、黒絹などの細布が配してある。採集地サハリン・アイ村（REM2806-97）

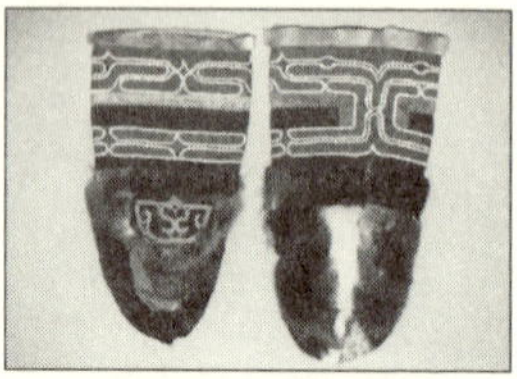

図2　毛皮の手袋　手首に細い毛皮を配し、色木綿に刺繍がある。採集地サハリン東海岸（MAE829-368）

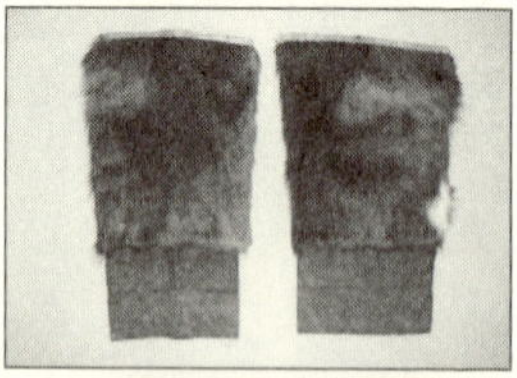

図3　子供用毛皮の脚絆　犬の毛皮に木綿が組み合わせてある。採集地サハリン（MAE829-381）

図5　頭巾　木綿製、頭頂に刺繡、小玉がついている。採集地サハリン東海岸（MAE700-261）

図4　アザラシ皮の靴　靴の大きさは27.5cm、脛の高さは38.0cm。採集地サハリン（MAE829-391）

MAE＝人類学民族学博物館
REM＝ロシア民族学博物館
数字は所蔵品番号

サハリンアイヌの衣類のあれこれ

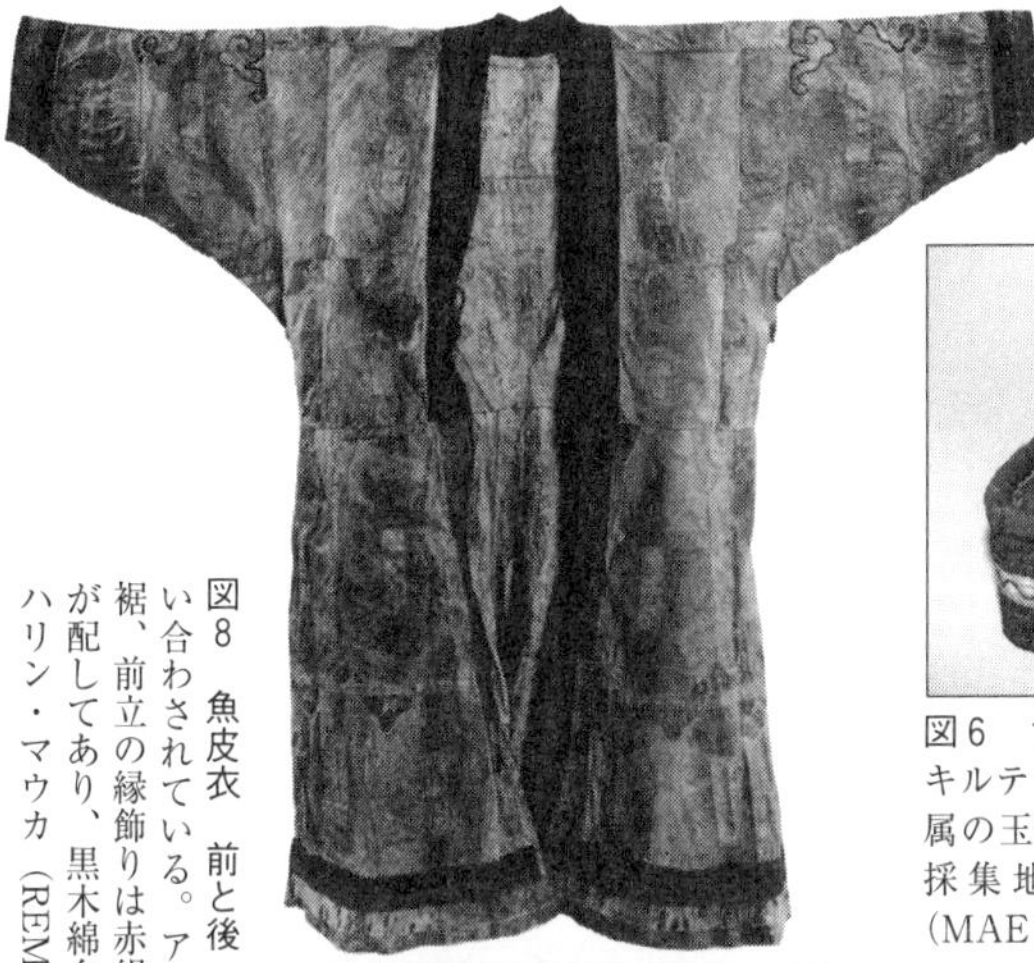

図8　魚皮衣　前と後　魚皮はイラクサの糸で縫い合わされている。アップリケは同じ魚皮。襟、裾、前立の縁飾りは赤絹、黒木綿、袖には赤木綿が配してあり、黒木綿糸でとじてある。採集地サハリン・マウカ（REM64-33）

図6　女性用帽子　木綿のキルティング、ビーズと金属の玉飾りがついている。採集地サハリン東海岸（MAE700-292）

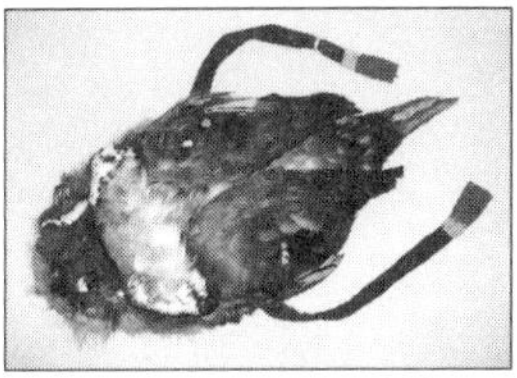

図7　被り物　なかに木綿地を張った羽毛。採集地サハリン東海岸（MAE829-370）

図9　猟師のスカート　犬ぞりに乗るときなどに着用。サケ皮17枚をはぎ合わせ、腰まわりはマス皮、裾に紺木綿が配してある。縫糸はイラクサ糸と木綿糸。採集地サハリン（REM8762-17091）

めぐらせるという簡素なものが目立っている〔図8・9〕。アイヌの衣服全体からみてこのような魚皮衣は必ずしも主流ではないから、それはニヴフの強い影響を受けたものと考えることができよう。そして、女性の魚皮衣にはたくさんの金属の輪をとりつけた皮ベルトを締めるが、このこともまたサハリンアイヌでは古くからの特徴である。

では、アイヌのオリジナルな着物はなにかといえば、オヒョウやシナノキの内皮〔靭皮〕からとった繊維の織物が典型的である。オヒョウはニレ科の落葉高木で、冬から晩春にかけて山へはいって皮剝ぎをする。その内皮を持ち帰り、温泉か沼につけて柔らかくし、そのあと水洗いをすると幾層にも剝離する。これを乾燥して糸をとり、織機で幅三〇〜三三センチ、長さ六・五メートルまでの布に織る。この布を着物に仕立て、切伏せ〔後述〕や刺繡などをほどこすのであるが、アイヌでは男女で仕立て方や文様に違いがない〔アイヌ民族誌:250-266〕。この着物はアットゥシ〔厚司〕と呼ばれ、アイヌが着ていたばかりでなく、「耐水性などにすぐれてかつ丈夫なこと、施文に異国情緒が感じられることなどからシャモの間で珍重され、とくに漁師や船頭の衣服としても用いられた」という〔佐々木利和 2001:50〕。シャモとはアイヌにたいして和人をさす呼称である。このアットゥシには襟、袖、前立、裾、背などに木綿や絹などの色ものの布切れをおき、その上から刺繡をほどこす独特の文様「切伏せ」がつけられる。アットゥシは樹皮繊維であること、仕立て方が基本的に和服に共通している点で、周辺の諸族ばかりでなくユーラシア全体の衣服に照らしてみてもほかに類例のない、まさにアイヌに固有の衣服である〔図10・11〕。

素材についていえば、サハリンアイヌはイラクサの繊維からもアットゥシをつくっており、これは北

図10 アットゥシ イラクサの着物。切伏せ模様に紺木綿、刺繡には青の木綿糸を使用。採集地サハリン・タラントマリ（REM5110–122）

図11 アットゥシ イラクサ糸と木綿糸の織物。襟の黒ビロード、袖口と裾の黒木綿には多色の絹糸で刺繡し、そのほかは水色の木綿糸で刺繡してある。採集地サハリン・トンナイチャ（REM2806–66）

海道アイヌがもっぱら樹皮を多用したことに比べるなら、大きな違いのひとつとされている。イラクサの着物はオヒョウの着物よりも白いので「レタルペ」(白いもの)と呼ばれ、これには「大陸の諸民族に共通する」「多色の刺繡糸、唐草的な文様、切伏せのない刺繡だけの文様、絡繡《からめぬい》よりは鎖繡《チェーン・ステッチ》が多い」という特徴が指摘されている［アイヌ民族誌：211-212］。

北海道でなぜイラクサの利用が進まなかったのかということはひとつの興味深い問題であるが、ユーラシアに目を向けてみると、トナカイやアザラシなどの獣皮を衣服の基本素材とする民族においても、この植物は広く活用されたようである。西シベリアのハンティ、マンシ、南シベリアのアルタイ諸族ではイラクサやキョウチクトウ科の植物、亜麻などが織物に使われたことが知られている［Попов 1955：119］。ところが、ロシアの民族学者であるA・A・ポポフは織物について織機などの技術面から比較検討をおこない、アイヌの織機は南シベリアのブリャト(ここでは毛織物である)やテュルク語系の諸民族のそれと近似しているが、アイヌのイラクサの織物はこのようなシベリアの諸民族とは無関係であり、別個の起源をもつものという結論に達し、南方起源の可能性を示唆している［Попов 1955：144］。今日ではシベリアの民族学の資料はずっと豊かになっており、織物については再検討の余地があるかと思われるが、日本でも今なおお各地にさまざまな植物繊維(麻、苧麻《からむし》、芭蕉《ばしょう》、籐《とう》、葛《くず》、楮《こうぞ》など多種)の織物がみられ、その歴史が古いことを考え合わせるなら、アイヌの織物もこの方面との関わりで考察すべきであろう。

2 外来の衣服

絹と木綿

このようにアイヌの衣文化は多元的な起源をもっているが、獣皮衣にしろ魚皮衣にしろ、また靭皮衣にしろ、そのどれもがアイヌ文化の特徴を成している。加えて、さらに重要な要素としていくつかの外来の衣服がある。古くは間宮林蔵の『蝦夷生計図説』(一八二三年)に「ジットク」(拾徳)、「シャランペ」、「チミップ」があげられており、「ジットク」には、「二種あり、一種は本邦よりわたるところのものにて、錦繍をもて製し、かたち陣羽織に類したるもの、一種は同じく錦繍にて製し形ち明服に類したるもの」となっている。後者はサンタン人がカラフト島に携え来て獣皮などと交換するもので、「本邦の俗に蝦夷錦というものこれなり」とあるが、それはまた山丹錦とも呼ばれている。「シャランペ」とは本邦より渡りたるところの「古き絹の服」、「チミップ」とは同じく、本邦より渡りたるところの「古き木綿の服」で、「此三種の衣はいづれも其地に産せざるものにて、得がたき品ゆへ殊の外に重んじ、礼式の時の装束ともいうべきさまになし置き」というほど珍重されたらしい。そして、鬼神祭祀のときや貴人謁見のときなどにこのような三種の衣なきものはみな「アットシのみを服用する」とあって、裕福な者は本州や大陸産の絹や木綿の着物、そうでない者は靭皮衣を着たことがうかがえる〔秦 1969：603〕。外来の文物が珍重されるのはいつの世にも、そして現代にも通ずることではあるが、アイヌにおける外来品が絹や木綿の古着であったことは注目に値しよう。

古い記録で、実際にアイヌが身につけていた衣服についての記述は、宣教師たちの報告にある。一六一八、二一(元和四、七)年に蝦夷地の松前に渡り、アイヌの生活を実見したイタリア人のアンジェリスの報告書には、「男女とも衣服は長く、絹、木綿または麻でつくられ、多くの刺繡が施されている」(傍線筆者、以下同じ)と記されている[アイヌ民族誌:43]。麻というのはアットゥシのことであろう。また、同じ時期にポルトガル人ディオゴ・カルヴァーリュは松前で見聞したことを報告しているが、それには、「衣服には同じ布切で縫いこんだ種々の刺繡をする。その模様には十字が多い。寒いときに着るものは毛皮でつくり、毛の有る面を内側にする。丈は長く、袖はシャツ状である。また、前が塞がっているもの(帯をもちいない)と開いているもの(帯をもちいる)がある」とある[アイヌ民族誌:44]。この二人のヨーロッパ人の目に着物の切伏せ模様が「十字」やバラの花型に見えたことは興味深い。

こうしてみると、先に引用した一八二三(文政六)年の『蝦夷生計図説』の記述にみられる蝦夷錦が、それより二〇〇年前のアイヌの衣生活ではふれられていない。そして、重要なことは、外来の絹衣や木綿衣には「十字やバラ」、「輪形や十字」の華麗な刺繡がなされていたことであるが、これは「切伏せ」模様にほかならない。

サハリンアイヌについては、二人の宣教師アンジェリスやカルヴァーリュより少しあと、一六四三(寛永二〇)年にオランダ人の航海者マールテン・G・フリースが北海道の東海岸からエトロフ島、ウルップ島、クナシリ島をへて、カラフトのアニワ湾にはいり、さらに北上してタライカ湾にいたって、地勢や風俗習慣の調査をした。フリースは北海道、千島、サハリンのアイヌの衣服について、つぎのように言及している。まず、十勝沖であった三人の蝦夷人についての衣服は、「麻の粗衣とその上に毛皮衣をまとい、耳に孔をあけて、一人は紐をさげ、他の一人は金と銅が混じった耳輪をさげていた」とあり、また、クナシリ島の住人の「衣服は全部毛皮衣であり、男は多くは銀の耳輪をさげ、また、銀製の腰刀を腰にさげていた」という［アイヌ民族誌：46］。麻はやはりアットゥシのことであろう。道東から現在の北方四島にかけての地域でこの航海者の目にとまったのはアットゥシや毛皮衣であった。木綿衣について興味深いのはカラフト南部のアニワ湾タマリ部落における観察である。すなわち、「(男)庶民は晒されない樹皮衣に赤や青の色で刺繡したもの。ときには毛皮衣を着ているものもある。裕福者は紺色の木綿衣に種々な色糸で刺繡したもの。文様は輪形または十字形。(女)前述の刺繡した木綿衣、樹皮衣または毛皮衣。装身具は青玉の首飾り、また女の耳輪は男のものより大きい」［アイヌ民族誌：46］。さらに、サハリンの中部にあるタライカ湾の部落では、「(男)従者は毛皮衣、裕福な人は刺繡のある木綿衣または絹製衣服。(女)この中には高価な柔かい毛皮衣を着ているものもあった。女は高価な毛皮の輪状帽をかぶり、また腰には金輪飾りつきの皮帯をしめているものもあった」［アイヌ民族誌：47］という。

高価な毛皮衣というのはヨーロッパ人にとってのことで、おおざっぱな言い方をすれば、ヨーロッパ人によるシベリアやアラスカの植民地化はまさに毛皮を最大の目的としていたのである。アイヌにとってはどのような毛皮よりも外来の木綿や絹の着物のほうが珍重され価値が高かったはずである。そして、この記録から明らかなことは、刺繡のある木綿衣が社会的地位を示す意味あいをもち、いわゆるステイタス・シンボルとして憧憬されていたことである。

ステイタス・シンボルとしての衣服

ステイタス・シンボルについていえば、北海道アイヌでも社会階層の差を誇示するものとしては、間宮林蔵が記しているように外来の蝦夷錦、古き絹の服、古き木綿の服があった。そのうち、とくに、蝦夷錦もしくは山丹服についてはこれまでにも多くの研究があり、いわゆる、山丹交易の重要な品目のひとつとして注目されてきた。外来のエキゾティックな高級衣、絹地に龍、花、雲の形を縫いとった華麗な山丹服は松前藩を通じて和人社会にもたらされた(図12)。が、それだけでなく、山丹服がアイヌの服飾にも取り入れられたことを示す資料として、「アイヌ絵」と呼ばれている一連のアイヌ風俗画がある。その作家は和人の絵師であるが、多くは身近に接したアイヌの生活を描写している。そのもっとも早い時期の絵師である小玉貞良の筆になる「アイヌ盛装図」には男女二人が描かれ、片方の老人は龍、雲、波形の刺繍のある紛れもない蝦夷錦を身につけている(図13)。また、もうひとつの代表作として蠣崎《かきざき》波《は》響《きょう》筆「夷酋列像」をあげることができる。これは一七八九(寛政元)年の東蝦夷地に起こったクナシリ・メナシアイヌの蜂起に際し、その鎮圧に功ありとして松前城下に招かれた四三人のアイヌの首長たちのうち一二人の姿を描いた人物画である。一二人の首長のみごとな偉容について、「蝦夷の最高礼服であった山丹渡来の蝦夷錦の拾徳をまとい、時にはロシア渡来の猩々緋《しょうじょうひ》の外套を羽織り、槍を小脇にし、飾刀を下げ、熊皮の上に腰をかけ、刀を張り、鍬先を捧げ、鹿を負っている姿態は、魁偉《かいい》な容貌と相俟

外来品の着物

図12　蝦夷錦（朝服）　中国清朝で皇帝から官吏までが重要な儀式に着用した礼服。これは「サハリンから出たものと伝えられている」。早稲田大学蔵　『山丹交易と蝦夷錦』より

図13　「アイヌ盛装図」　小玉貞良筆　小玉貞良は宝暦年間（一七五一～六四）に活躍し、アイヌの風俗を描いたもっとも早い時期の絵師として知られている。老人の着物が唐服、すなわち、蝦夷錦とか山丹錦と呼ばれる中国からの招来品である。『蝦夷の風俗画――小玉貞良から平沢屏山まで』展図録より

ってこの民族の征服されざる以前の堂々さを描いて余蘊《ようん》がない」という評価がある［高倉 1966:69］。一方では、このアイヌ絵が肖像画であるかどうか、はたして現実を反映しているかどうかということについて否定的な見方が一般的ではあるが、そのような舶来の衣服がアイヌ社会の一部にしろ、一七〇〇年代には現実に普及していた可能性は先に引いた若干の記述やそのほかの資料に照らして認めてよいと思う。たとえば、一七二〇(享保五)年に完成した新井白石『蝦夷志』の付図［林子平:98,99に再録］には、男夷や蝦夷の衣服として「満洲、カラフトを経て蝦夷にくる蝦夷錦」の図が載せられている。

さて、この蝦夷錦であるが、サンクト・ペテルブルグの博物館の所蔵品のなかにはこのような山丹渡来の錦はその片鱗《へんりん》さえも認められない。たしかに、サハリンアイヌの社会での山丹錦のことは、そのようなことを示唆する資料が乏しく詳らかでないが、大陸により近接したサハリンアイヌの社会に錦がなんらの痕跡をとどめていないのは疑問である。このことは清朝の辺民制度の影響下にあったサハリンアイヌと、幕藩体制下にあった北海道アイヌの社会的動態の相違ともかかわっているように思われる。

3―アイヌ文化の表象形成にとっての木綿

山丹交易と木綿など

蝦夷錦、山丹錦という絹織物や清朝の官服は、「山丹交易」として知られる北方交易のもっとも重要な品目であったが、この交易ではそのほかにも多くの鉄器類、日用品や食糧品などが交換され、そのなかにさまざまな種類の布切れ、綿布、古着が含まれていた。この交易はサハリンとアムール川地域の原住民が仲介者となって中国と日本を結んだ広域交易であり、明代から清代にわたり原住民の捕獲する貂《てん》皮と中国の絹織物との交換を核として展開した。盛行をきわめたのは十八〜十九世紀なかばごろまで、清朝が黒龍江(アムール川)地域に辺民制度を確立し、支配した時代である。黒龍江(アムール川)は中国とロシアの東部国境をなす大河であるが、清朝とロシア帝国の国境はこの地域から中国東北部をへて西へ、遥かモンゴルの西端にまでおよび、十七〜十九世紀には国境確定の条約が幾度となく締結されている。さて、清朝は国境地域の先住民を辺民として、その首長にハラダ(文献ではハラタとも。氏族長)、ガシャンダ(文献ではカーシンタ、もしくはカーシンダ。郷長)などの称号を与え、彼らを通じて住民を支配し、毛皮の貢納を確保する辺民制度を確立した。当時のサハリンにはアイヌのほかにスメレンクル(ギリヤーク、今日のニヴフ)、オロッコ、キーレン、サンタ(サンタン)などの諸民族がおり、大陸のアムール川流域にはニヴフとトゥングース語系諸民族(今日のナーナイ、ウリチ、オロチ、ウデゲなどの祖先)がいた。サンタ(山丹、山旦、山韃)はこの地域やそこの先住民を広くさす呼称であったと思われる。

山丹交易には、(1)大陸における満洲とサハリン・アムール地域の諸民族との交易、(2)山丹地方、サハリンでの諸民族間の交易、(3)わが国と諸民族間の交易があり、大陸では満洲人の役人が毎年六月ころにアムール川下流に設けられた交易所(仮府)に出張し、そこへやってきた先住民の首長たちや平民と貢物(貂皮)と賞賜(絹や木綿など)の交換を儀礼的におこなった。その際にサハリンの先住民にはハラダ、ガシャンダなどの役名によって献上品と下賜される品物に差がつけられていた。間宮林蔵は実見に基づいて「ハラタに与ふる物は錦一巻（長七尋《ひろ》）、カーシンダは緞子《どんす》のごときもの四尋、庶夷に至りては木綿四反（下品）・櫛・針・鎖・袱《ふくさ》・紅絹《もみ》三尺許《ばかり》を下し与ふ」と記している。これらの中国産の織物が交易者たちによってさらに現地や北海道へもたらされた。間宮林蔵はサハリンのオロッコやスメレンクルについても「木綿衣のごときは皆山丹夷と交易するところの物」であるとか、「満洲にて交易をなす事屢々《しばしば》なれば、木綿衣の類、満洲製の物を用ゆる事多し」と述べており、当時サハリンでは木綿衣が広く着用されていたことを明らかにしている。満洲の官吏から下賜される絹や綿布の数量は膨大なものであったが［佐々木史郎 1996：187–192］、満人との交易で入手されたであろう古反物や古着も相当数にのぼったようで、日本へもたらされた古衣類として錦、木綿、天鵞絨《びろうど》、羅紗《らしゃ》、紋羽（粗い毛羽だった綿布）、絹が区別され、織物類には錦、木綿、更羅沙《さらさ》、天鵞絨、羅紗、紋羽、繻子《しゅす》、毛氈《もうせん》、また、唐木綿などの類がみられる［高倉 1966：269–273］。これは嘉永六年から安政年間および万延元年、すなわち一八五三〜六〇年にかけての史料に基づいている。この時代はサンクト・ペテルブルグの「科学アカデミー人類学民族学博物館」のサハリンアイヌ資料の収集年と重なっており、このことからアイヌの衣文化のなかの中国産の木綿（図14）と、独自の切伏せ文様や刺繡などの装飾に用いられる素材に山丹交易によってもたらされたものであることが裏づけられる。

本州からの古着と端ぎれ

さて、木綿や古着は大陸ばかりでなく本州からも流入したことが、間宮林蔵の記述にもあり、また、具体的には、(1)本州からの布として木綿の端裂《はぎれ》、平絹、紅絹《もみ》、白絹、小袖の端裂、(2)既製服として本州からは陣羽織、小袖、和服の古着があったことが知られている[児玉 2000:5]。それはどのような経路をたどったのであろうか。

博物館所蔵の衣服を細かく調べると、絹布、毛織物、木綿などさまざまな種類の布が、それもほんの端切れのような小さなものが大変巧みに切伏せに利用され、味わいのある出来映えをみせている。しかし、着物そのものは明らかに木綿の古着であることが多い。本州で綿織物が近代産業として始業し普及するのは明治期以降のことである。ちなみに富岡製糸工場の開業は一八七二(明治五)年であり、八二(明治一五)年には輸入品目のなかで大きな割合を占めていた綿糸と綿織物が九七(明治三〇)年には大幅に減少し、かわりに綿花の輸入が増加している[詳説日本史図説 1996:176]。綿織物が日本国内の一般の生活のなかにどのように普及していったかは興味のあるところであるが、それほど急速に国内の津々浦々にまで広まりはしなかったであろう。しかしながら、「ロシア民族学博物館」の収集品には多量の木綿衣や白木綿をぜいたくに切伏せした着物(カパラミプと呼ばれる)があり、その収集年は一九一二(大正元)年であるから、その頃には、古着ばかりでなく工場製品の綿糸や綿布も当然取り入れられた可能性はもちろん否めない。では、それより以前にはどうであったろうか。

織物が商品として流通するようになったのは十七世紀で、絹織物を商う呉服屋、麻織物や綿織物を扱う太物屋《ふともの》が生まれ、各地の城下町に広がっていったことが明らかにされている。そして、興味深いことには、たとえば、一八一一(文化八)年には城下町金沢に呉服屋、太物屋の軒数をしのいで古着屋が七四軒あり、「古着屋はすでに一六〇〇年代に京都にあったとされ、そのほか各城下町にも相当数の古着屋の存在がみとめられる」という指摘がある[遠藤 1980:153]。このことについて、遠藤は「織物の流通がまだ全般的ではなく、また高価であったために庶民には手が届かなかったであろう。呉服屋が対象とした顧客は町人層の中流以上であり、流行によって買い換えたであろうし、また窮迫した武家や町人、下層の町人や都市細民は古着屋から衣類を調達したものであろう」と推測している[遠藤1980:153]。アイヌ社会の陣羽織や小袖もこのような古着屋から流れ出たものかもしれない。

こうした衣類が北陸航路や瀬戸内航路によって蝦夷地へ、さらにサハリンへ運ばれたであろうと推測され、先にあげた宣教師やフリースの報告にあるように、一六〇〇年代前半には裕福なアイヌのお洒落着になっていたのではなかろうか。

かつて、本州でも江戸時代中期の庶民は木綿を「モンメン」「晴着」と呼んで珍重したといい、西日本の海岸の丘陵地は綿の栽培ができなかったために、遅くまで麻や紙布を着用し、木綿は外出着でもあったという[福井 1984:8]。このことは前述のように、アイヌにおいても同じである。ただ、和人は、一般に古くなった着物を「無造作に」つくろい、補修に補修を重ねて着つづける習慣であった。ところが、アイヌでは入手した木綿の古着を仕立て直し、さまざまな布切れをあて、刺繡をほどこして再生させ、自分たちの晴着としたのである(図15)。その基本的な手法が「切伏せ」と刺繡による模様であり、その際限のない発展を可能にしたのもまた種々の織物や端切れであったといえよう。

切伏せのために端切れを成形するには、基本的に、黒や紺木綿をテープ状にし、これを幾何学的に組

図14　男児服　濃い緑色の木綿地に赤木綿で装飾、銅ボタンがついている。採集地サハリン東海岸（MAE829-354）

図15　裕福な女性の木綿の着物　二十世紀初頭までの資料を所蔵している「人類学民族学博物館」で唯一の木綿衣はピウスツキの収集したもので、「裕福な女性の着物」と説明がついているが、現物は展示中のマネキンが着用しており、実見することができなかった。

図16　木綿の着物　濃紺の木綿の和服に刺繡だけがしてあり、この手法をチヂリという。裏に木綿の布地があててある。採集地北海道ピラトリ（REM5102-138）

図17　木綿の女性用着物　幾枚もの着物をはぎ合わせ、内側にも当て布をして補修、襟にはビロードをつけ、そのほかには黒木綿の切伏せに木綿糸で刺繡してある。採集地北海道ピラトリ（REM5102-141）

図18　木綿の着物　紺木綿地の着物に切伏せは白とオレンジ色のサラシ、赤のメリンス、刺繍糸は紺、白、ピンクの木綿糸である。木綿をこのようにふんだんに用いるようになって、アイヌの着物は完成度を増したといえよう。採集地北海道ピラトリ（REM2807-49）

み合わせる方法と、大きな白布を切り抜き、これを着物の上に重ねおく方法があり、後者では曲線的な文様がより特徴的である。着物の施紋にはこの二通りの切伏せと、切伏せをせずに刺繡だけをする方法の、都合三種類が区別される(図16~18)。刺繡の文様では、曲線、渦巻きを主体とするモチーフやその変形と組合せが自由自在に展開され、このような刺繡と切伏せによって、アイヌの着物は近隣はもとよりユーラシアのほかのどの民族にも例のないような芸術的なレヴェルにまで開花し、まさにアイヌ文化のもっとも大きな特徴となっている。ペテルブルグの博物館資料ばかりでなく、国内でしばしばおこなわれるアイヌ文化の展覧会でもアットゥシと木綿衣が通常大きな比重を占めるのは、それだけの意義があるからで、このように改めて木綿衣に注目し、また、近年の創作品を見るとき、切伏せ模様の造形的な多様化は、木綿という素材が潤沢に活用できるようになって実現したことが確信されるのである。

多元性と周縁性の「地域文化」

地理的に、サハリン島のほぼ中央は北緯五〇度線上にあり、それを大陸にたどるとアムール川の中流域をへて、中国東北部、モンゴルの北縁にかかる。すなわち、そこはロシア、中国、日本の国境地域であり、それぞれの領土の周縁部にあたる。そして、興味深いことに、この地域はユーラシア全体の伝統的な衣文化からながめると、あたかも獣皮衣と織物衣の境界であり、織物衣の限界がおよそこのあたりであるともいえる。民族誌に照らしてみると、おもにトナカイやアザラシなどの獣皮で衣服をつくる北方の諸民族の社会では、布はかなり古い時代から浸透していたようであるが、それはきわめて貴重な品として珍重され、小さな絹の布切れなどがさまざまな儀礼のなかで神霊に捧げるために使われはしたものの、被服として取り入れられてはいなかった。また、鞣《なめ》しのよい、しなやかなトナカイの皮や毛皮の長衣には、染色された皮でアップリケがなされるのが普通で、アムール・サハリン地域でのように布切れによる装飾は顕著ではない。布が被服に活用されなかったのは、もちろん、北方の寒冷な気候が理由のひとつではあろうが、現代ではシベリアでも温暖な季節には木綿衣などの軽装が日常的であるから、自然環境ばかりでは説明しえず、歴史的・社会的なもろもろの事情が考えられなければならない。

ところで、サハリンアイヌの衣文化の特質を端的にあらわすなら、多元性と樹皮性、木綿性ということになろう。後二者はアイヌ文化全般の特質でもあるが、樹皮衣は北方文化という観点からいえば、他に類例のない例外的な衣服である。木綿衣の素材が中国と日本の本州から導入され、アイヌ社会で切伏せ・刺繡という装飾技法によって特異な発展をし、それによってアイヌ文化の典型的な表象が形成されたということもまた、おそらく、他の地域や民族にはみられない特殊性といえよう。

このように、サハリンのアイヌ文化には北海道や千島のそれと大きな枠組では共通しながら、両者と比べて異なる特徴がみられる。なによりも、そこが多民族地域であるということ、そして日本からも、中国からも、ロシアからも僻遠の地であったということは北海道の状況との大きな違いである。サンクト・ペテルブルグの博物館のサハリンアイヌ資料に接したおりに、その旺盛な創造性に調査メンバーの誰もが感歎したものである。それがどこからくるのかということについてのおぼろげな予測を、多元性と周縁性に求めることはできないであろうか。隣接諸民族との直接間接の接触交流に基づく文化の多元性は、衣服ばかりでなく物質文化一般に如実に反映しているからである。

文化的な多元性は、アムール地域、中国東北部、モンゴルにいたる周縁地域についても同じようにみとめられ、この地域にはさまざまな民族が居住している。すなわち、サハリンには、アイヌ（二十世紀なかばまで）のほか、ニヴフとトゥングース・満洲語系諸族（ウイルタ、エヴェンキなど）がおり、アムール地域はニヴフとトゥングース・満洲語系諸族（ネギダル、ウリチ、オロチ、ウデゲ、ナーナイ）の地である。そして、中国東北部にはトゥングース・満洲語系諸族（ホジェン、オロチョン、エヴェンキ、ソロン、満族）とモンゴル語系諸族（ダウール、モンゴル）が居住している。このような多民族地域での現実の社会生活の顕著な特徴として、なによりも、住民がいくつもの言語を能《よ》くするということがあげられよう。

二〇〇〇年秋に筆者は内蒙古ホロンバイル盟のハイラルへ行く機会をえた。そこではモンゴル、エヴェンキ、ダウール、オロチョン、ソロン、漢人が混住し、それぞれの言語が話され、しかもかなりの程度たがいに理解しあえる。それは多民族地域における社会生活上の必然的な要請であるかもしれないが、人々がいくつもの言語に通じ、相手によって縦横に言語を替える様子を目の当たりにしたときには、大きな発見をした思いであった。このことはアムール地域やサハリンでのかつての言語生活の実情がどのようであったかを知るうえで大きなヒントを与えてくれた。それは、ロシア語が普及し、民族の言語が日常生活から消えつつあるという現今の一般的な状況とはまったく異なっている。

さらに、多言語生活が言語を異にする人々の婚姻によっても生ずるということを勘案するなら、サハリンやアムール地域でも人々はいくつかの言語を駆使することができたであろう。婚姻にとっては民族や言語の違いが何の障碍にもならないことは自明のことである。サハリンアイヌの衣文化には、近隣の諸民族と共通する服飾が多くあるが、そのつくり手がアイヌの女性であったとは限らず、他の民族であった可能性は大きい。

ハイラルでの短期日での見聞から筆者が実感したことは、中国東北部という「この地域で繰り広げられ、営まれている生活」、すなわち、いくつもの異なる民族が隣接し、混住している地域の文化とは、何よりもまず、多言語の、文化的な多元性を人々が生きているという事実である。その背景には、たとえば、烏丙安が明らかにしているように〔烏 1993〕、長い歴史のなかで施行されてきた通婚制度も大きくかかわっていよう。また、ハイラルの中学校校長の話にあったように、学校教育のなかでいくつもの民族の言語教育がなされていることも重要なことである。その実際をいずれ詳しく知りたいものと思うが、現地で垣間見たのは、いくつもの民族が接しあう、いわゆる「周縁」地域での社会や文化の現実のありようであった。

地図のうえでは、このホロンバイル盟の地域は中国、モンゴル、ロシア、朝鮮、日本からの周縁にあたろう。そこがどのような歴史的な経緯のなかで「周縁化」されてきたのかということについては、改めて検討しなければならない。国家の境界ということからいえば、たしかに、そこは辺境である。しかしながら、文化という観点からいえば、そこには自然環境や歴史的・民族的な諸条件のもとで培われてきた独自の「地域文化」があり、周縁でも辺境でもない。わずかな知見から結論をひきだすことは戒めなければならないが、この「地域文化」は周縁性、多元性を内包しながら、じつは民族的な「無境界」

地域となっているのではないかと思われる。このことは、また、中国東北部の延長線上にあるアムール・サハリン地域をアイヌを含めた多民族の地域文化として考察するうえで示唆的であると思う。もちろん、サハリンは二十世紀初頭までに限ってみてもけっして日本やロシアの支配からまったく自由であったわけではない。にもかかわらず……である。

参考文献

秋月俊幸『日露関係とサハリン島——幕末明治初年の領土問題』筑摩書房　一九九四年

新井白石「蝦夷志」(寺沢一、和田敏明、黒田秀俊編『蝦夷・千島古文書集成』第一巻所収、教育出版センター　一九八五年)

伊藤裕満「下北半島民とアイヌの文化接触——共通文様のアットゥシ受容をめぐって」(『北からの日本史』第二集　三省堂　一九九〇年)

宇田川洋『アイヌ文化成立史』北海道出版企画センター　一九八八年

烏丙安「中国北方諸民族の通婚慣習」(江守五夫他『日本の家族と北方文化』第一書房　一九九三年)一五七〜一九〇頁

遠藤元男『織物の日本史』NHKブックス　一九八〇年

大林太良『北の人——文化と宗教』第一書房　一九九七年

荻原眞子・古原敏弘編『ロシア・アイヌ資料の総合調査研究——極東博物館のアイヌ資料を中心として』千葉大学文学部(文部科学省研究補助金二〇〇〇〜二〇〇一年度　研究成果報告書)二〇〇二年

海保嶺夫『エゾの歴史——北の人びとと「日本」』講談社選書メチエ　一九九六年

ヨーゼフ・クライナー「ヨーロッパ人の抱いたアイヌ観とヨーロッパにおけるアイヌ研究」（小谷凱宣編『欧米アイヌ・コレクションの比較研究』名古屋大学大学院人間情報学研究科　一九九七年）
小谷凱宣『欧米アイヌ・コレクションの比較研究』（文部省科学研究費補助金研究報告書）名古屋大学大学院人間情報学研究科　一九九七年
小谷凱宣・荻原眞子編『海外アイヌ・コレクション総目録』南山大学人類学研究所（文部科学省研究補助金二〇〇一〜二〇〇三年度　研究成果報告書　第二冊）二〇〇四年
児玉マリ「アイヌの衣服」（『白い国の詩』東北電力株式会社地域交流部　一二号　四〜一三頁　二〇〇〇年）
佐々木利和『アイヌ民族誌ノート』吉川弘文館　二〇〇一年
佐々木史郎『北方から来た交易民——絹と毛皮とサンタン人』NHKブックス　一九九六年
H・v・シーボルト、原田信男・H・スパンシチ・J・クライナー訳注『小シーボルト蝦夷見聞記』平凡社東洋文庫　一九九六年
サンクトペテルブルグ・アイヌプロジェクト調査団『ロシア科学アカデミー人類学民族学博物館所蔵アイヌ資料目録』草風館　一九九七年
高倉新一郎「近世における樺太を中心とした日満交易」（『アイヌ研究』北海道大学生活協同組合　一九六六年）
谷田閲次・小池三枝『日本服飾史』光生館　一九八九年
中川裕『アイヌ語をフィールドワークする』大修館　一九九五年
秦檍丸撰、村上貞助・間宮林蔵増補「蝦夷生計図説」（高倉新一郎編『日本庶民生活史料集成』第四巻所収三一書房　一九六九年）
林子平「三国通覧図説」（寺沢一、和田敏明、黒田秀俊編『蝦夷・千島古文書集成』第三巻所収、教育出版セ

ンター、一九八五年）
福井貞子『木綿口伝』法政大学出版局　一九八四年
北海道立旭川美術館・北海道立近代美術館『蝦夷の風俗画――小玉貞良から平沢屏山まで』展図録　一九九二年
北海道開拓記念館『山丹交易と蝦夷錦』（北海道開拓記念館第四二回特別展図録）一九九六年
間宮林蔵述、村上貞助編、洞富雄・谷澤尚一編注『東韃地方紀行他』平凡社東洋文庫　一九八八年
溝口雄三・浜下武志・平石直昭・宮嶋博史『アジアから考える(3) 周縁からの歴史』東京大学出版会　一九九四年
Попов, А. А., "Плетение и ткачество у народов Сибири в XI и первой четверти XX столетия" *Сборник Музея Антропологии и Этнографии*, т. X, 41-146, 1955. A・A・ポポフ、荻原眞子・長崎郁訳「一九～二〇世紀第一四半世紀のシベリア諸民族における編物と織物(1)(2)」（『北海道立北方民族博物館研究紀要』第一一号　二〇〇二年、一三号　二〇〇四年）

［追記］アットゥシについては最近、社会・経済史の観点から注目すべき新たな試みがなされている。本田優子「近代北海道におけるアットゥシの様相を解明するための予備的考察――開拓使の統計資料の整理と分析を中心に」（『北海道立アイヌ民族文化研究センター　研究紀要』第九号　二〇〇三年）

第二章　濱田正美

中央アジアと東アジアの境界

中央アジアからみた中華世界

文明世界としての中央アジアと東アジア

この連続講演の企画者から与えられた「中央アジアと東アジアの境界」という論題、なかんずくその「境界」ということばが意味するものはなんであろうか。試みに『広辞苑』（第五版）によると、中央アジアは「アジア中央部、中国のタリム盆地からカスピ海に至る内陸乾燥地域。狭義には旧ソ連側の西トルキスタンをさし、カザフスタン、キルギス〔キルギズ〕、タジキスタン、ウズベキスタン、トルクメニスタンの五つの共和国がある。イスラム教徒が多い。面積約四百万平方キロメートル」、東アジアは「アジアの東部。日本、朝鮮、中国を含む地域。東亜」と定義されている。

中央アジアがアジアの中央部、東アジアがアジアの東部というのは、まことに当然のことであるが、この二つの定義の仕方には若干の差異が認められる。すなわち、東アジアが現に存在する国家の境域によって、いわば政治的に定義されているのにたいし、中央アジアの定義には、内陸乾燥地域という環境条件とイスラーム教徒（ムスリム）という人文的条件が加えられている。国家の境域による定義に従えば、二つのアジアの「境界」は、そのまま中国と旧ソ連の国境を意味することになり、現在の中国新疆《しんきょう》ウイグル自治区は東アジアに含まれることになるが、環境的・人文的条件を加えての定義では、この地域の少なくとも南半のタリム盆地は中央アジアの一部ということになる。アジアをいくつかのブロックに分割するための便宜的方法として、現在の国境線を用いることはもちろん可能であり、ある場合には有用である。しかし、歴史的な観点からすればより重要なのは、それぞれ固有の文明世界としての東アジアであり中央アジアである。以下では、この二つの文明世界のあいだに生じた他者認識、ことに中央アジアの人々が東アジアの文明世界をどのように認識していたかという問題を考察してみたい。

1―中華世界と中央ユーラシア

中華文明世界

東アジアの文明とは中華文明のことにほかならず、朝鮮や日本の文明はこれから派生したものにほかならない。最近では四川《しせん》盆地に独自の文明が成立した可能性も主張され始めたが、中華文明の揺籃《ようらん》の地が中原《ちゅうげん》であることは動かない。岡田英弘によれば、のちに東夷《とうい》、西戎《せいじゅう》、南蛮《なんばん》、北狄《ほくてき》と呼ばれることになる「未開人」の生活圏が接触しあったのが洛陽盆地の近辺であり、ここに最初の都市文明が発生したとされる。つまり、中華文明世界はその出発点から、複数の民族集団の同化と融合によって形成されたと考えられる。中国言語学者の故橋本萬太郎は、商(殷《いん》)の言語が北西から中原に侵入した周の言語と融合して「北方語化」した可能性を指摘し、「漢語」がその出現のときからすでにクレオール言語であったことを示唆している。

こうして成立した中華文明世界はしだいに周辺の民族集団を同化しつつ、ついには秦漢帝国を出現させる段階にいたり、急速にその領域を拡大する。東方では、漢は紀元前一〇八年、朝鮮半島に楽浪《らくろう》以下の四郡をおき、これ以降中華文明は日本列島にも波及するようになる。ほぼ時を同じくして、西方への拡大も開始され、張騫《ちょうけん》の鑿空《さくくう》に続き、黄河の西、河西《かせい》回廊に前一一五年ころから敦煌《とんこう》、酒泉《しゅせん》、張掖《ちょうえき》、武威《ぶい》の四郡をおき、中央アジアとの接触を本格化させることになる。

河西回廊なかりせば

歴史上の「もし」に意味がないのと同様、いやそれ以上に地理上の「もし」にはまったく意味がない。にもかかわらず、祁連《きれん》山脈の北方に連なるオアシス地帯、すなわち河西回廊が存在しなければ、中央アジアことにそのうち現在中国領となっている地域の歴史は、ずいぶんと変わっていたはずである。その名のとおり、河西回廊は中原と中央アジアの通路であったからである。この通路がなければ、漢、唐そして清の中央アジア進出は起こりえなかったと想像されるのである。知られるかぎりでのこの地の最初の住民は月氏《げっし》であった。前一七七年ころ、月氏は匈奴《きょうど》の攻撃を受けてイリ河谷に移動したと考えられる。この移動した月氏が遊牧民族であったとすれば、これとは別にオアシスで農耕を営んでいた民族集団も存在したはずであるが、漢の進出のあともこの地方の定住民がいかなる民族に属するものであったかにかんしては記録がない。

漢帝国が軍事的にタリム盆地に進出したころ、ここには三六のオアシス国家が存在したと伝えられ、その住民はインド・ヨーロッパ系の言語を話す人々であった。これより数世紀ののちになってからあらわれる現地語の資料(それらはみな十九世紀末以来のいわゆる西域探検によって発見され、今日まで研究が継続されているものである)によれば、もっとも広く分布していたのはトハラ語と名づけられた言語を使用する人々であった。彼らのうち、楼蘭《ろうらん》からホタン方面にかけてのタリム盆地の東南辺に住む人々は、紀元後二世紀ころからインドのプラークリット(正則古典語であるサンスクリットにたいして俗語をさす)のひとつであるガンダーリー(ガンダーラ地方の言語)を用いるようになったが、その古層にはトハラ語が残存しているというのが専門家の見解である。このトハラ語は、インド・ヨーロッパ語群のうちでも、ギリシア語やラテン語と同じケントゥム群に属し、インド・イラン系のサテム群とは大きく異なる。これとは別に、ホタンを中心とする地域では中世イラン語のひとつで、ホタン・サカ語(サカとは古代ペルシア語でスキタイをさすことばで、漢語文献では「塞」と表記される)という言語が用いられていた。

ただし、漢がこの地域に進出した当時これらの言語はいまだ文字をもたず、漢字はこの地域の住民が最初に接触した文字であったと考えられる。漢が征服した現地の支配者との通信には漢語が用いられたであろう。現地の王たちの配下には、それが漢人であるか現地人であるかはともかく、双方のことばに通じる通訳があらわれたはずである。少しあとの例ではあるが、わが国の大谷探検隊がロプ・ノール付近からもたらしたいわゆる李柏文書《りはくもんじょ》は、前涼の将軍李柏が焉耆《えんき》の王にあてた三二八年五月の日付をもつ書簡であり、当時焉耆の王の側で漢語を解しえたことを証拠立てるものである。しかしながら、東アジアの東方周辺とは異なり、漢語と漢字は中央アジアに定着しなかった。東アジアの半島部とその先の島嶼《とうしょ》部が接触しうる文明の発源地は中華世界以外にはなく、漢字を学習したあとに仮名をつくりだすことしかできなかったが、中央アジアはインド世界という別の文明世界とも接触し、自らの言語を写すによりふさわしいインドの文字を選択的に採用したのである。すなわち、ガンダーリーはカローシュティー文字、トハラ語とホタン語はブラーフミー文字で書写されるようになった。

中央アジアにとっての中華世界

前六〇(もしくは五九)年、漢は焉耆の西方の烏塁《うるい》に西域都護府を設け、鄭吉《ていきつ》を最初の都護に任命した。このことは現在の中国の公的な歴史書では、「ここにいたって西域のこの地方は、北疆(現在の新疆ウイグル自治区の北半をさす——筆者注)およびバルハシ湖以東以南の広大な地域を含め、すべて正式に漢王朝の版図にはいった。このことはただ新疆の歴史上の大事件であるばかりでなく、われわれの統一した民族国家の形成と発展の歴史上の一大事件でもあった」(新疆社会科学院民族研究所編『新疆簡史』)とされている。つまり、この前六〇年以来、中央アジアのこの地域は中国の版図に属するという主張である。

この西域都護府は七〇年ばかり存続したが、前漢の滅亡とともに消滅した。そののち後漢の西暦七四年、班超《はんちょう》が西域都護に任ぜられ、一二〇年の奮闘の結果ようやく九四年にいたって、匈奴の勢力を完全に駆逐することに成功した。漢王朝は、倭《わ》の諸王に王号を授けたのと同様に、タリム盆地の諸オアシスの王たちにもそれぞれ称号を授与した。彼らが漢に服属した理由のひとつが経済的なものであったことは疑いない。班超の息子、班勇《はんゆう》の西域進出論にたいし朝廷において、「今もし校尉を置かば、すなわち西域駱駅《らくえき》として遣使し、求索あくことなからん。之に与うればすなわち費は供し難く、与えざればすなわちその心を失う」という反論がおこなわれたことからも明らかである。中華文明世界は中央アジアにとり、まず高価な物資の供給地であった。この関係は以後一貫して不変である。班勇は都護にかわって設けられた西域長史に任ぜられたが(一二三年)、四年後には失脚して後漢の西域統治は実体を失った。

中央アジアと隋唐帝国

黄巾《こうきん》の乱の結果、中華の人口はほぼ一〇分の一に激減したとされる。その空隙を埋めるようにいわゆる「五胡」が流入を開始し、ついには王朝を建設するにいたった。その結果、漢語は大きく変化し、第二の「北方言語化」をとげたと考えられる。河西回廊からトゥルファン盆地にいたる地域では、中原から移住した漢族や遥か西方からきて居留しているソグド人も含め、さまざまな民族がまじりあった。この間、魏、晋や河西の小王朝が時としてタリム盆地に介入することはあったが、長期的な支配は不可能であり、また北方にも強力な遊牧国家が不在であった結果、オアシス諸国家は自立して繁栄した。やがて、中原では鮮卑《せんぴ》の拓跋《たくばつ》氏が北魏王朝を樹立し、その系譜を引いて北周、ついでその軍事基盤であった武川鎮《ぶせんちん》の鮮卑族と漢族の混合した軍閥のなかから隋と唐が中華世界を統一する。

三国の魏や東晋の時代、タリム盆地の人々が中華をチナと呼んでいたことは、カローシュティーの木簡によって確認される。が、おそらくは拓跋が国家を建てた五世紀から、西方の人々は中華をタブガチtabghach、もしくはタヴガチ tavghach と呼ぶようになる。これは拓跋 tak-bat(もちろん漢語ではなく原形は不明ながら鮮卑語である)の第二と第三の子音が入れかわったもの(メタテーズ)であるが、のちに述べる中央アジアのイスラーム化ののちにも十一世紀まで用いられつづけた。この一事のみをもって西北の諸民族が隋唐を北魏すなわち拓跋の後継であると認識していたとはいえない。しかし彼らが、鮮卑のことばで中華を呼んだという事実は注目に値する。これと同じ現象はこれよりのち、契丹《きったん》に由来する中華をさす語であるヒタイ(もしくはハタイ、ロシア語のキタイ)についても発生することになる。

匈奴が消滅し鮮卑が中華文明世界の内部へと移動したあとの北方の草原地帯では、柔然《じゅうぜん》ついで突厥《とっくつ》が覇を唱え、タリム盆地をめぐる中原の帝国と草原の遊牧国家との争いが、唐と突厥のあいだで再現した。突厥は高昌(トゥルファン)の漢人王朝をはじめとするタリム盆地の諸国の王たちに突厥の娘を降嫁させるなど、この地域を勢力下におさめていたが、唐は六三〇年に東突厥を滅亡させ、伊吾(現在のハミ)までを版図に加えた。この状況下で高昌王麴文泰《きくぶんたい》は、唐の進出をきらい西突厥と連合したが六四〇年には唐に征服された。タリム盆地における西突厥の勢力は六五〇年代には消滅したが、これにかわって吐蕃《とばん》(チベット)と西突厥の連合体の一部であったテュルギシュが登場し、唐の西域支配は一進一退を繰り返すことをよぎなくされた。吐蕃は七九〇年には、クチャの安西都護府、その二年後にはトゥルフ

図1　13世紀までのオアシス世界

ァンを攻略し、唐の西域支配は烏有《うゆう》に帰した。つぎに中華帝国の勢力がタリム盆地におよぶのは、十八世紀のことである。

ところで、この唐は、これをタブガチと呼んだ側からはどのようにみられていたのであろうか。その一例を突厥のオルホン碑文にみいだすことができる。先述のように、独立した東突厥は六三〇年に滅亡し、その諸部族は唐によって黄河の南に移動させられて唐の監視のもとにおかれた。半世紀後、突厥の王族出身のクトゥルグは、唐からの独立を達成し、六八七年にはモンゴル高原の聖地オテュケンを回復して突厥国家を再興した。クトゥルグの子で、第三代のカガンとなったビルゲ(七三四年死去)とその弟キョル・テギン(七三一年死去)の墓誌がすなわちオルホン碑文である。先に死んだ弟のキョル・テギンの墓誌でビルゲはつぎのように述べている。

オテュケン山より良いところは決してない。イル(カガンに服属する諸部族)を治めるべき場所はオテュケンである。我はこの場所に座してタブガチの民と和平した。彼らは金銀絹をかぎりなく(我らに)与えた。タブガチの民の言葉は甘く、その絹織物(aghi, 本来の意味は不明。この語があらわれる他の文脈からも、高価な品物をさすことは確実である。ここでは柔らかいという形容詞に続かれるので、絹織物と訳す)は柔らかい。彼らは甘い言葉と柔らかい絹織物で欺いて、遠方の民を近くに来させようとするのである。近づいて住み着いた後には、そこで悪知恵を働かせるのである。……甘い言葉柔らかい絹織物に欺かれて、多くのテュルクの民が死んだ。テュルクの民よ、汝らは必ず死ぬぞ、もし南方チョガイの山、テョギュルテュンの平野に住もうとするなら、汝らは必ず死ぬぞ。そこでは邪悪な者がこのように教唆した。「遠くに居れば、安物の絹織物を与えよう。近くに居れば、上等の絹織物を与えよう」とこのように教唆した。知恵なき者はこの言葉を信じて近づいて行って多くの人が死んだ。その土地へ近づけば、テュルクの民よ、汝は死ぬぞ。オテュケンに留まってキャラヴァンを派遣すれば、何の不足もない。オテュケン山に留まれば、汝は永遠にイルを治める者となる。テュルクの民よ、汝は自足するであろう。

ビルゲはタブガチを邪悪な者と認識している。しかし、彼は反唐一辺倒であったのではない。いやそれどころか、七二〇年に玄宗《げんそう》の機先を制して軍事行動を起こしたことを例外として、一貫して「タブガチの民と和平して」いた。このキョル・テギンの墓誌自体、ビルゲのことばの背面には、玄宗が送った弔文が刻まれているのである。唐側の史料は、ビルゲは都城を建設し寺観を建てようとしたが、重臣の阿史徳元珍(テュルク語の名はトニュクク。その意味はまさに元珍にあたる。彼は「タブガチの地で人となった」人物であるから、この名はテュルク語が本来なのか、あるいは漢語の名が先なのか一概には決しがたい)に諫《いさ》められて断念したと伝える。おそらくビルゲは中華の文明に魅力を感じつつ、同時に黄河以南に移住させられた父祖の経験から中華に埋没する危険をも認識していたのであろう。「タブガチに近づけば死ぬぞ」というのは、突厥の民への警告であると同時に、自らを律する決断でもあった。珍奇な財宝をもたらし、しかも鎮護国家の仏教イデオロギーの装飾までも備えた唐の文明が突厥の民にとって魅力的でないことはありえなかった。その魅力がどれほどのものであったかは、まさしく同時代の日本で生起していた出来事を思い起こすだけで十分である。白村江《はくそんこう》以降、日本が唐の軍事的圧力を直接こうむることなく、ひたすら無邪気に中華の文物と制度の移入に努めたのに比して、突厥は最盛期の唐の直接の進出の可能性をつねに考慮しなければならなかった。したがって文明への憧れと自らを遊牧軍事勢力として維持することとのあいだで、あい矛盾した立場に立たざるをえなかったといえるであろう。

中華の仏教文化と中央アジア

ビルゲ・カガンの死後数年をへずして七四四年に突厥は滅亡する。これを倒したのは、ビルゲが恐れたタブガチではなく、突厥の遊牧民族連合国家に服属していた鉄勒《てつろく》と総称される諸部族のうちのトクズ・オグズ(九部族連合の意味か)であり、このあらたな連合体の中心はウイグル族であった。ウイグルは突厥が断念した都城の建設を実現し、七五五年に勃発した安史の乱に介入する代償に、唐から多大の絹を受け取った。七六七年には唐から四人のマニ教の僧侶を、突厥の聖地オテュケン山の近くに建設したオルドゥ・バリク(オルドゥは本来カガンの幕営を意味する。バリクはテュルク語で都市の意)につれ帰った。マニ教がはたしてウイグルの「国教」であったか否かについては議論があるが、ウイグルのとりわけ上層がマニ教を信奉したことに疑問の余地はない。彼らがなにゆえに唐で主流であった仏教ではなく、マニ教を選択したのかは謎である。マニ教は菜食主義を強く主張する教えであり、この戒律はとりわけ草原の牧畜遊牧民には遵守《じゅんしゅ》が困難であったはずである。あるいは、わざと唐では少数派である宗教を選択することによって、「タブガチ」にたいする自らの差異を際立たせようとしたのかもしれない。

八四〇年、内紛に加うるに北方のキルギズの攻撃を受け、モンゴル高原のウイグル国家は崩壊した。

従来遊牧国家が崩壊するとその残存勢力は、あらたな支配者を中心とする連合体に吸収されるか、西方の黒海北岸にまで続く草原地帯に移動するか、さもなくば中華文明世界に亡命していたが、ウイグルの場合は、このような現象がみられた一方で、主力は河西回廊とトゥルファンを中心とする天山南北のオアシス地帯に移住し、ここにあらたな国家を建設した。これは、彼らがモンゴル高原にいたときからすでにある程度都市生活になじんでいたためであろうと考えられる。この結果、トゥルファン盆地とタリム盆地の東半では、先住民であるトハラ人もウイグルに同化され、この地域の「テュルク化」が進展した。

安史の乱以降の唐は対外進出をおこなう実力を失い、逆に周辺の諸民族の勢力が拡大したために、中華文明世界は著しく縮小した。トゥルファン盆地と天山の北方のビシュバリクを拠点とするウイグル国と唐、ついで宋とのあいだには、敦煌の漢人政権、涼州《りょうしゅう》の吐蕃やタングートの西夏《せいか》が介在することになる。すると不思議なことに、トゥルファン盆地に移住以後しばらくはマニ教の優勢が続いたウイグル王国で、仏教が盛んになるという現象が発生した。仏教徒ウイグル人は、トハラ語や漢語の仏典から盛んに翻訳をおこなったが、とくに漢訳経典からの重訳が中心となった。日本の律令国家のもとで尊重された『金光明最勝王経《こんこうみょうさいしょうおうきょう》』がウイグル国でも重視された形跡があるが、これはこの経典にみえる鎮護国家のイデオロギーがウイグル人にも魅力的であったことを示している。何人もの漢語とウイグル語の双方に通じた訳経僧が活躍したことが知られているが、庄垣内正弘のみごとな研究によれば、彼らは漢文経典をウイグル語で訓読する段階に達していた（ただし、日本における漢文読み下しのように返り点をつけることはなかったと思われる)。さらに興味深いことには、同じく庄垣内のもうひとつの論文によれば、漢訳仏典からの重訳をおこなうに際しても、インド起源の名詞(固有名詞と普通名詞)は漢字音を写すのではなく、もとのインド語(サンスクリット)がトハラ語に受け入れられたかたちに復元して表記している。九八一年に宋からウイグル国に使いした王延徳はその地に大蔵経《だいぞうきょう》(もちろん漢文の)が所蔵されることを伝えており、ウイグル仏教にたいする中華の仏教の影響はきわめて大きかったといえよう。にもかかわらず、その翻訳にトハラ語の単語の形態が保持されたことは、ウイグル仏教の基層にトハラ仏教が存在したことを明白に示している。ここでも、中央アジアの文明は、中華文明に一辺倒によりかかったのではなく、複数の文明間での混合的、もしくは選択的様相をみせているといいうる。

2―イスラームと中華世界

イスラームの登場

モンゴル高原のウイグル国家が崩壊した際、残存者の一部は西方に移動し、当時天山の北にいたカルルク族に合流したとされている。やがてこの地域から、テュルク系の最初のイスラーム王朝であるカラハン朝が歴史舞台に登場することになるが、現在の中国の歴史学界では、この王朝はウイグルに出自するとされている。しかしこの説を証明するにたる証拠はない。これより先、七四〇年代にはアラブの勢力はシル川の彼方《かなた》にもおよび始め、アッバース朝の中央アジア掌握の直後、七五一年にはタラス河畔で高仙芝《こうせんし》麾下《きか》の唐軍を撃破した。衰退期にはいった唐は反撃できず、この戦いは北方のテュルク系遊牧民族にたいするイスラーム帝国の優位を確立する結果となった。イスラーム教徒の商人、法学者、神秘主義的宗教者たちが陸続として草原地帯をおとずれるようになり、遊牧部族のイスラーム改宗をうながした。

イスラームの教義は世界を截然《せつぜん》と二つの部分に区別する。すなわち、イスラームの支配が貫徹している「ダール・アル・イスラーム」(イスラームの家)とイスラームの支配がいまだおよんでいない「ダール・アル・ハルブ」(戦争の家)である。この二分法にかんする言及はコーランにはみえないが、預言者が東ローマ帝国の皇帝とササン朝ペルシアの皇帝にイスラームを受容するよう書簡を送った事件を記録するハディース(預言者ムハンマドの言行記録)には、この観念があらわれるとされている。この二分法に従えば、ムスリムはダール・アル・イスラームで生活せねばならず、みだりに「戦争の家」にとどまってはならない。それが許されるのは、ダール・アル・ハルブを縮小させる、つまりは征服するための聖戦(ジハード)の目的か、異教徒の捕虜になったムスリムのための身代金を持ってゆくなどの特殊な場合のみである。少なくとも理論上は、二つの「家」のあいだには明確な境界線が引かれることになる。ところでジハードをおこなうことはムスリムの義務ではあるけれども、通常の状態ではこの義務は、日に五回の祈禱や断食のようにすべてのムスリムに一律に課せられる個人の絶対義務ではない。イスラーム共同体(ウンマ)の成員の一部が履行していればほかの者は免除される。しかし、敵が「イスラームの家」に侵入し、総動員令が発せられた場合には、あらゆるムスリム、身体に障害をもつ者も、女子供、奴隷でさえもが、夫や主人の許可をえなくとも戦いに赴かねばならない。これが古典法学の規定である。

西部天山の南北を支配していたカラハン朝の改宗により、「イスラームの家」の境界線は、十世紀のなかばにはパミール高原と天山を越えてタリム盆地に到達した。あらたにムスリムとなった遊牧戦士たちは、今度は宗教戦士(ガーズィー)として偶像崇拝者にたいするジハードを開始して、まず仏教王国ホタンを攻撃し一〇〇六年にはこれを占領した。マフムード・アル・カーシュガリーというカラハン朝の王族の出身者が一〇七七年(一〇八三年説もある)にバグダードで完成した世界最初のテュルク語・アラブ語辞典には、見出し語の用例として、「我ら洪水のように流れ出て、町々に襲いかかった。ブルハン〔ここでは仏像〕の家を倒して、ブルハンに糞をした」という類の民謡が引用されている。辞典の編者はこれはウイグルへの攻撃を述べたものだといい、「不信者の国を占領した際に、彼らの偶像を汚すためにその頭に糞することはムスリムの習慣である」と解説している。カラハン朝は十一世紀のなかばにはクチャのオアシスも占拠したが、「イスラームの家」の拡大はおそらくはトゥルファンのウイグルの抵抗のために、タクラマカン砂漠を横切るホタンとクチャを結んだ線でしばらく停滞することになる。

カラハン朝のハーンたちは、しばしばタブガチ・ハーンという称号をおびた。現代中国の歴史家たちは、この称号はカラハン朝が自らを「中国人」であると認識していたことを示すと主張している(『新疆簡史』)が、辞典編纂者のマフムードは、タブガチの語を説明して、スィーン(ペルシア語のチーンに対応するアラビア語)の向こうにあるマースィーン(同じくマーチーン)のこととしたうえで、この語は「伝統的で堂々とした」という意味でも用いられ、タブガチ・ハーンは「偉大で不変の統治の」ハーンという意味であると述べている。

モンゴル世界帝国のもとで

マフムード・アル・カーシュガリーはすでに中華世界をスィーン、マースィーン、ヒタイの三つの地域に分かち、その総称がタブガチであるとしていた。ヒタイはいうまでもなく契丹《きったん》の音写である。そして、「イスラームの家」の境界がタリム盆地を南北に横切る線で停滞していたあいだに、契丹がいったん滅亡した流動的状況のなかから、モンゴルが登場する。世界帝国を建設したモンゴルは、諸々の宗教にたいし一視同仁の立場をとった。仏寺や道観に与えられた歴代のハーンの勅書には、「チンギス・ハーンの仰せに、仏僧たち、ネストリウス教士たち、道士たち、ムスリム学者たちは、すべての貢納、畜税を赦《ゆる》され、天を祈り我らに祝福を授けしめよ、といわれた」と記されるのが通例であった。ローマ教皇から派遣されてカラコルムをおとずれたギヨーム・ド・ルブルクは、この草原に出現した都に一二の偶像寺院、二つのモスク、ひとつのキリスト教会があったことを伝えている。

「イスラームの家」を征服したモンゴルのハーンたちは、中東地域のみならず黒海とカスピ海の北のキプチャク草原でも中央アジアでも、しだいにムスリムになっていった。例外は元朝であり、とくにクビライ・ハーンはイスラームにたいし抑圧的な政策を実行したが、そのきっかけとなったのは、羊の屠殺方法の相違をめぐる問題であったと伝えられている。そもそもモンゴルのシャーマニズムの観念では、聖なる大地を生き物の血で汚すことはタブーである。現在でもモンゴル人は、羊を屠《ほふ》る際、まず腹を縦に切り開きそこから手を差し込んで脊髄にそう大動脈を指で引きちぎり、血を腹腔《ふくこう》に溜《た》めて地面に流さないようにする。これはひとつには血をソーセージとして利用する手段でもある。これにたいし、ムスリムの屠殺方法は、頸動脈を切断して血をすべて流し出す。クビライはムスリムの商人が宴席にだされた食事を不浄であるとして食べなかったことに激怒し、イスラームの教義に則る屠殺方を禁じるとともに、ムスリムが割礼をおこなうことまでも禁止した。イル・ハーン国の宰相ラシードゥッディーンの『集史』は、かくして四年のあいだ、子供の割礼がおこなわれなかったと記録している。が、七年ののち、ムスリム商人の元朝からの退去とそれにともなう交易の途絶という現実の前に、これらの禁令は廃止された。元朝の王家は概してイスラームにたいして冷淡であり、彼らのうちでムスリムになったのはクビライの孫の安西王アーナンダのみである。アーナンダが根拠地とした陝西《せんせい》、甘粛《かんしゅく》、寧夏回族《ねいかかいぞく》自治区にまたがる地域には、現在も回族が多く居住しており、彼の改宗が後世に与えた影響は小さくない。

クビライはしかし、財務・行政官僚としてムスリムを重用した。この形勢はクビライ以後もひきつづき、ムスリムは元代を通じて中央と地方でさまざまな要職を占めた。その結果、各地にムスリムのコロニーが成立し、これが現在広範に分布する回族の居住地の起源となったと考えられる。唐代以来の泉州、広州などの港湾都市に在住した海から渡来したムスリムと、元代に内陸から移住したムスリムはこうして遭遇することになった。

モンゴル帝国がユーラシアの大半を飲み込んだ結果、「イスラームの家」と「戦争の家」の境界は融消してしまい、イスラームはジハードによらず、スーフィー（神秘主義者）の布教という手段によって拡大した。この時代は、イスラームが中華文明世界に入り込んだ時代であるといえるが、両者のあいだの相互影響と反発については、今後ともさらに研究を進める必要がある。

明王朝と中央アジア──ジハードの再開

モンゴルが中国本土を追われたあと、ティムールは明への遠征を企てたが、その子のシャー・ルフはヘラートを都にして政権を掌握すると、明と和解する政策に転じ使節団を派遣した。一四二〇年のことである。使節の一人ホージャ・ギヤースッディーン・ナッカーシュ（ナッカーシュは画家の意）による記録はティムール朝のさまざまな年代記に取り込まれている。記録者は、トゥルファンの住民の大多数が偶像崇拝者であり、仏教寺院があってそこには「大変美しい」偶像があること、コムル（ハミ）の町では、大きなモスクと仏寺が向かい合って存在していることを伝えている。彼は、仏寺の偶像の美しさと壁画のみごとさを賞賛こそすれ、一向にこれらにたいして嫌悪感を示していない。さらに行く先々の町の記述では、ほとんどつねに仏寺の壁画に言及している。造形美術にたいするこうしたムスリム（この使節は画家であったことに留意）の態度は、イスラーム絵画にみえる中国絵画の影響を文献の面から再確認するものである。「ヒタイの最初の町である粛州《しゅくしゅう》」に到着した使節団は、明の役人に歓待され、羊、小麦粉などの旅の必需品のみならず蒸留酒と葡萄酒まで与えられた。使節団の明国滞在中発生した唯一の難問は、永楽帝にたいして三跪九叩頭《さんききゅうこうとう》をおこなうことであった。神以外にたいし礼拝はできないと言って拒否した使節団の言い分はいったんは受け入れられたが、彼らが献上した馬が永楽帝を振り落とした事件に謝罪するため、彼らは皇帝の前で叩頭することをよぎなくされた。

時代的には少し前にさかのぼる。パミール高原の東西を領有していたチャガタイ・ハーン国のモンゴル部族は、西部のマーワラーンナフルではイスラームを受容しそれにともなって都市化の傾向を強めていたが、東部の草原地帯は依然として遊牧生活にとどまっていた。こうした違いが背景になってハーン国は東西に分裂するが、やがて一三四六年ころ東部からトゥグルク・ティムール・ハーンがあらわれ一時的にではあるが西部にも勢力を拡大する。ティムールは、最初トゥグルク・ティムール・ハーンの幕《ばく》下《か》に参じることによって頭角をあらわしたのである。このトゥグルク・ティムール・ハーンの系統を以後モグーリスターン・ハーン国という。モグーリスターンとはモンゴルの住地を意味するペルシア語である。トゥグルク・ティムール・ハーンは自身イスラームに改宗するが、トゥルファンの仏教寺院に免税特権を授与するなどしており、支配下の仏教徒は先のティムール朝の使節の記録からもうかがえるとおり平穏に存在しつづけた。しかし、十五世紀の後半になると状況は大きく変化する。

変化の原因は二つある。第一は、草原地帯にあらたな遊牧勢力であるウズベクとカザフが出現し、モグーリスターンは草原から駆逐されて、しだいにタリム盆地周辺のオアシスに逼塞《ひっそく》させられたことである。第二は、そうした状況に追いやられたモグーリスターンのハーンにたいして、ジハードを鼓吹するスーフィーたちが大きな影響を与えたことである。かくして、あたかも草原の喪失の代償を求めるかのように東方への進出が再開された。「イスラームの家」の境界が改めて認識されたといってもよい。モグーリスターンのアフマド・ハーンはトゥルファンから仏教徒を一掃し（現在も残る仏寺の破壊の跡は多くこのときのものであろう）、その子マンスール・ハーンはコムルをも占領した。一五一三年には最後のウイグル仏教徒の集団がコムルから粛州へ亡命し、東トルキスタンのイスラーム化は、その始まりから五世紀を閲《けみ》してようやく完成したのである。が、マンスール・ハーンはヒタイへのジハードを継続した。アフマドとマンスールにジハードの大義を教授したのがホージャ・タージュッディーンという人物である。彼の行動は明側の史料にも記録されているが、そこでは彼の名は火者他只丁と音写されている（中華の文明が「野蛮人」の民族名や個人の名を漢字で表記する際、往々にして悪意のある文字の使い方をするということはよく知られた事実であるが、ここでも神秘主義の宗教指導者を意味するホージャを火者すなわち去勢者を意味する文字で写している）。

このホージャ・タージュッディーンなる人物はトゥグルク・ティムール・ハーンをイスラームに改宗させた聖者の子孫であり、若年のおりにブハラに赴いて、中央アジア最大の神秘主義教団であるナクシュバンディー教団の中興の祖であるホージャ・アフラールの弟子として修行し、師の命令によってトゥルファンにあったアフマド・ハーンのもとに派遣されたとされている。このことを記録しているモグーリスターン側の歴史書によれば、「彼は、スルターン・アフマド・ハーンとマンスール・ハーンに五〇年間仕えた。いやむしろ、ハーンたちが彼の導きに従った」のであった。この人物はまた、自ら商業と農業を経営して巨万の富を有し、ハーンはじめいかなる人からもなにひとつ受け取らず、逆に貧者に富を分け与えたとされている。明側の記録によればタージュッディーンは一五二四年、マンスール・ハーンが二万の軍勢を率いて粛州に侵攻した際に戦死した。相当の高齢であったと思われる。

明朝の理解によれば、マンスール・ハーンが執拗に入寇《にゅうこう》を繰り返すのは「通貢」を求めてのことであった。それゆえ、これを許したり禁じたりする戦術によって相手を牽制できると考えていた。これにたいし、モグーリスターンの側からすれば、明のいう通貢はいわば直接には武力を行使しないガザー（不信者にたいする略奪行）であって、これが禁止されればいつでも本物の軍事行動もしくは征服活動、すなわちジハードに転換しうる体《てい》のものであった。明側の目から見たタージュッディーンは、莫大な賄賂や「賜与《しよ》」を要求する貪欲、悪辣《あくらつ》な人間であったが、イスラームの側では彼は清廉で鷹揚《おうよう》な人物であった。彼が人格の使い分けをしていたわけではもちろんない。中華文明とイスラームの鏡がそれぞれに異なる像を結んだのである。「通貢」を蛮夷に与える「国恩」として疑わぬ中華帝国の観念は、先にみたとおりすでに漢代以来のものであるが、これが同じ「通貢」を不信者からの財貨獲得の手段と考えるイスラーム側とは当然齟齬《そご》が生じる。のちにマテオ・リッチが喝破したように、「シナの王は全世界が服属し、貢ぎを納めるという幻想のなかに生きている」が、事実は「貢納を支払っているのはむしろシナ」であった。

モグーリスターンの攻勢により、粛州以西でイスラームの受容を拒否した集団はつぎつぎと長城の内部へと移住した。これが現在河西回廊の南北に多くの少数民族が居住していることの原因である。この地域のムスリムは、サラール族を例外として、ほとんどが漢語を話す回族であり、「イスラームの家」の境界線は長城に達して停止したことになる。モンゴル時代以降、元来民族名称であったウイグルは仏教徒の同義語として用いられるようになっていた(したがって、史料には「ひとりのウイグルであるモンゴル」といった記述がみえる)ため、イスラーム化された地域からはウイグルという名も消えてしまった。つまり、ウイグル(仏教徒)が改宗すれば、彼はムスリムであり、ウイグルではなくなったのである。これにたいし粛州の仏教徒は自らウイグルと自称しつづけた。現在のウイグルという民族名称は一九二一年ころに改めて採用されたものである。

マンジュ帝国と中央アジア──天命と「塩の義務」

モグーリスターンの歴代のハーンはほぼ例外なくホージャたちから導きを受けた。そのために、宗教指導者の権勢は増大し、ついにはハーン権力と拮抗するようになる。ホージャたちの一人ヒダーヤトゥッラー(普通にはホージャ・アーファークという名で知られる)は、競争相手である同族の別の家系に勝利するため、当時隆盛を誇っていたジュンガルのガルダン・ボショクト・ハーンにタリム盆地への介入を求めたと伝えられる。事実とすれば、「イスラームの家」の内紛を解決するために異教徒を導き入れたわけで、この行為はイスラーム法の観点からは合法化されえない。いずれにせよ、ガルダンは一六八〇年にカシュガルとヤルカンドを占領し、タリム盆地は異教徒の宗主権のもとにおかれることになった。

これより先の一六三五年、後金《こうきん》のホンタイジ(のちの太宗)は元の国璽《こくじ》を手にいれ、翌年にはマンジュ、モンゴルの王公と一部の漢族に推戴されて大清皇帝となった。つまり、彼はチンギス・ハーンにくだされた天命を正当に継受したのである。マンジュのハーンがすでにモンゴルにたいしてもハーンとなったからには、元の臣僕にすぎなかったジュンガルはこれに従わねばならぬはずである。かくして康熙《こうき》、雍正《ようせい》、乾隆《けんりゅう》の三代にわたり、対ジュンガル戦争は清朝の最大の課題のひとつであった。一七五五年乾隆帝はついに最終的にジュンガルに勝利しこれを徹底的に壊滅させたのち、五八年にはタリム盆地も征服した。ジュンガルを従わせることが当然の権利であると同様、近い過去までチャガタイ・ハーンの後裔が支配していたタリム盆地を版図に加えることは、清朝の当然の権利であり、さらには義務であった。が、同時に清朝はジュンガルの領域を越えて直接に版図を拡大しようとはせず、カザフ、キルギスの遊牧勢力や、コーカンド、ブハラ、タシュケント、バダフシャン、ボロール、アフガニスタンなどの地域を「藩属」とみなして朝貢を許した。天山の南北の地域にはあらたな征服地を意味する新疆という名が与えられた。

乾隆帝は「異族」の出自でありながら、中華文明のチャンピオンを自任し、この文明の普遍性を確信していた。新疆征服後に実施されたこの功業を記念するための文化事業のひとつとして編纂された『西域同文志』に自ら付した序文において、彼は以下のように述べている。

今漢語を以て天を指さばすなわち天といい、国語〔すなわちマンジュ語〕を以て天を指さばすなわちアブカといい、蒙古語準語〔ジュンガル語、モンゴル語の西部方言〕を以て天を指さばすなわちテンゲリといい、西番語〔チベット語〕を以て天を指さばナムカといい、回語〔新疆のムスリムの言語〕を以て天を指さばすなわちアースマーンという。もし回人天を指して以て漢人に告げて此アースマーンなりといわば、漢人必ずや以て非となさん。漢人天を指して以て回人に告げて此天なりといわば、回人も亦必ずや以て非となさん。此も亦一の非なり。彼も亦一の非なり。いずくんぞこれを知熟して以て是となさんや。しかれども仰首して以て昭昭の上に在るを望まば、漢人は以て天と為してこれを敬い、回人は以てアースマーンと為してこれを敬う。是すなわち其れ大同なり。実に既に名を同じくすればまた同じからざるなし。

乾隆帝は、中華文明の普遍性、すなわち天道の普遍性を深く確信していたことは明らかである。彼の天道はすべてに優越しすべてを包含するものであったから、たとえばイスラーム法(シャリーア)をもこの天道の一部とみなすことも可能であった。したがって、彼は新疆で現地人から馬を盗んだ「内地の人」は「回地の法」すなわちシャリーアに従って処断するよう命じてもいる。

一方、ムスリムが乾隆帝のいう物理的な存在としての天の崇拝とは無縁であることはいうまでもない。先にも述べたとおり、異教徒に占領された地域に住むムスリムの義務はジハードの実行か、もしくは預言者のヒジュラにならってその土地を立ち去ることである。事実、清朝の軍勢がタリム盆地に侵攻したときには、シャリーアに基づいてジハードをおこなうべしとの議論がおこなわれ、一部には激しい抵抗があった。しかしこの二つがともに実行不可能であるとすれば、異教徒の君主に仕えることを合理化するなんらかのイデオロギーが必要となる。そのひとつは、清朝の官僚はともかく皇帝は限りなく公正であるという観念、いまひとつは恩恵を与えてくれた者に背いてはならぬという恩義の観念である。後者の観念の萌芽はすでに前述のオルホン碑文にも読み取れるが、イスラーム化して以後のテュルク系諸民族のあいだでは「塩とパンの義務」、とりわけ「塩の義務」として広く存在していた。清朝に征服された新疆の、とりわけ現地の行政を委ねられたムスリム支配層は、自らの清朝皇帝にたいする服属をこの義務の観念で合理化していた形跡がある。そして、一八六四年、クチャに始まる反乱が新疆全域に波及していく課程で、この義務に殉じて反乱者に殺された清朝支配下での有力者たちがいたことも事実である。ある者は、「なるほど彼(清朝皇帝)は信仰なき不信者ではあるが、しかしわが父祖からひきつづき、われわれは彼の栄華に浴し、彼の塩を食べつづけてきた。……塩の義務を遵守することはあらゆる人間集団にとって当為である」と述べたと伝えられる。が、この義務の観念は、彼らムスリム支配層が中華文明から移入したものではなく、先に述べたとおり、彼らの伝統のなかからくみだされたものであった。

清朝の同化政策——「我が華風に同じからしめん」

新疆における乾隆帝以降の統治は「その俗によってその民を撫《ぶ》す」という政策を基本にしていた。すなわち現地の民政はすべて現地人に委ね、税の徴収のほかは、民衆の生活には不介入を原則としたのである。現地人との意志疎通の手段は、マンジュ語が主に用いられていた。しかし、十九世紀の大反乱ののち新疆を再征服すると、従前の政策は一変され、「彼の殊俗を変じて我が華風に同じからしめん」という征服軍の総指揮官であった左宗棠《さそうとう》の提議が実行された。まず重要視されたのは漢語の教育であり、新疆の各地に義塾が設けられた。左宗棠は、ムスリムたちはその子弟が義塾にはいることを誇りに思い、生徒の学習の進歩もすみやかであると朝廷に報告したが、事実はこれとは逆であった。清末になって編纂された『新疆図志』は実態をあからさまに記している。

ムスリムを入学させようとすると皆逃げ隠れ、金持ちは人を雇って代わりに学校へ行かせる。教師はたいてい軍隊で書類を作っていた者たちで、『千字文』『百家姓《ひゃっかせい》』を済ませるといきなり対句や八股文を教える。ムスリムの生徒は茫然としてますます学習を嫌がるが、教師の中には生徒が逃げ出さないよう部屋に閉じこめたり足枷をつけたりする者まである。ムスリムは入学と聞くと、他の労役は容易であるがこの労役だけは大変難儀であるという。

この記述は、一九四九年の新疆解放まで省政府の秘書長であり、その後イスタンブルに亡命したイサ・ユスフ・アルプテキンが彼の父の話として述べているところと合致する。息子を学校へいれるようにとの命令を受けると、アルプテキンの祖父はかわりの少年を雇い息子を夏営地に隠したが、官憲は六カ月後に真実を知ってアルプテキンの父を強制的に町の学校へ送った。彼は漢語の名を与えられ、弁髪をつけて中国服を着せられた。帰宅した際には家にはいる前に現地の服に着がえたが、彼の母親は弁髪を気味悪がって、子供にふれようとしなくなったという。

漢語教育が思うように進展しない原因のひとつが、「華風」とはまったく異なる固有の文明の存在であることに『新疆図志』の編者は気づいていた。

その人篤《あつ》く教祖を信じること牢として破るべからず。孔子を拝するを以て大恥となし、官力を以てこれに強迫するといえども終にあたわず。旧範に怡然《いぜん》たり。かつひとたび入学すれば、種人すなわちこれを謂《い》いて背教となし、これを異視せざる者なし。故に、これに識字を勧むればすなわち我には自ずからアリフ・バー〔アラビア文字のアルファベット〕ありといい、史学はと言わばすなわち我には自ずからターリーフありといい、これと読経はと言えばすなわち我には自ずからコーランありといい、医書にはすなわちティッブ・キターブあり、農書にはすなわちリサーラあり、占候《せんこう》の書にはすなわちルーズ・ナーメあり。回教国を立ててより数千年。各種の書籍は浩くして烟海《えんかい》の如し。

これは要するに、新疆のムスリムの側には中華文明に同化する必然性がまったく感じられていなかったということである。それどころかムスリムの保守派には、漢語教育は、「年寄りが死に絶えたとき、若い者たちがヒタイ人になるようにする」ためのものだと極論する者もあった。こうした状況下で一九〇六年に新疆提学使に任命された杜彤《とたん》は日本の小学校教育を視察した経験に基づき、漸進的な教育目標を設定し、各地に学校を建設させた。その結果、辛亥《しんがい》革命寸前の一九一一年には迪化(現在のウルムチ)の九つの中高等学校をのぞき、全新疆の五六二の初等学校で七一一人の教師が一万五四三六人の生徒を教育するまでになった。しかし、革命以後権力を掌握した楊増新《ようぞうしん》が伝統的な放任政策を採用したために、一九三〇年の統計では、学校の数は一四八、教師数二五一、生徒数六八五五に減少している。

漢語教育と同時に清朝はムスリムに儒教倫理を知らしめようとし、康熙帝の「聖諭十六条」に大清律の抜粋を付したものや、順治帝の『勧善要言』を東トルキスタンのテュルク語に翻訳し、ムスリムのあいだに頒布した。

こうして中華文明が徐々に広められる一方で、この地域には別のあらたな文明が伝播し始めた。ロシア、のちにはソ連の、主としてテュルク系ムスリムがもたらした西欧文明、ついで社会主義思想がそれである。工業製品名や技術にかんする用語、思想学術用語はほとんどロシア語から借用された。現在でも現代ウイグル語で共産主義は kommunizm, 共産党は kommunistik partiya, 中国語の小組は guruppa, 等々、ロシア語からの借用語はきわめて多い。

情勢が根底的に変化したのは、一九四九年の新疆解放、もしくは文化大革命の収束以後のことであった。大量の漢族が新疆に移住し、現体制が不動のものになると、社会的上昇をめざすには漢語が必須であるため、子弟を民族語学校ではなく漢語学校に進学させる現地人もふえてきた。その結果、ウイグル族やその他の少数民族のエリートには、漢語は堪能でも民族語の読み書きに不自由する者も少なくない。が、新疆の内地化と少数民族の中華文明化(少なくとも言語的な)は、今後ともさらに推進されるであろうと思われる。

複数の文明と接触した境界領域

有史以来の中華文明にたいする中央アジア、ことにタリム盆地周辺のオアシスの住民の認識を、はなはだ断片的ではあるが時間軸にそって概観した。その結果としていえることは、中央アジアは中華文明にたいし、その物質文明を除けば、ほとんど関心らしい関心を示したことがない、ということである。もちろん例外はあり、麴氏時代のトゥルファンのように『論語』以下の漢文の典籍がもたらされたこともあり、クチャにいたテュルギシュ人が『左氏春秋』を好んだという記録もある。いったん中華にはいった仏教がウイグル仏教に影響を与えたことも事実である。さらに、文化大革命の直後には、「唐代のウイグル人」が書いたとされる「古来漢人為吾師」という一句を含む絶句が郭沫若《かくまつじゃく》によって公表され喧伝《けんでん》されたこともあった（しかし不思議なことに近ごろではたえてこれに言及されることはない）。だが、中華文明を物質と思想の両面で懸命に輸入した、たとえば日本の場合と比較可能な事例はみいだすことはできない。その理由はおそらく、東アジアの半島と島嶼にあっては接触できた文明が中華のそれのみであったのにたいし、中央アジアはほとんどつねに中華文明以外の文明とも接触したことに求められる。日本は中華文明を摂取して、その要素を組みかえたり、場合によっては換骨奪胎《かんこつだったい》することによってしか自らに固有のものを生み出せなかったが、中央アジアは複数の文明のあいだで選択をおこなうことが可能であり、そしてインドの文字に始まって、つねにほとんど中華文明以外の文明を選択してきたといえるであろう。インド文明のみならず、イスラーム文明然り、近代のロシアとソ連を通じた西欧文明もまた然りであった。現代の「華風」である社会主義市場経済は、この地の人々を同化できるであろうか。彼らに平等が保障されればその可能性は十分にあると思われる。が、少数民族が被差別感を強くもたざるをえない状況になれば、彼らの少なくとも一部はまた別の文明を採用するかもしれず、それがイスラーム原理主義でないとは断言できない。その不幸な選択を回避する手段のひとつは、彼ら自身とほかの中国の市民がある程度共通の歴史認識をもつことであると思われる。

ところで、ある意味では当然ともいえるのであるが、中国の一般人（知識人も含めて）はこの地域の文明史にかんして完全に無知である。一例をあげれば、最近みかけた『中国全省を読む地図』（新潮文庫）において著者の莫邦富《モウバンフ》氏（著者略歴によれば日本で活躍するジャーナリストである由）は、「独立運動を警戒する異国情緒豊かな辺境の地」と副題をつけた新疆ウイグル自治区の項でこの地域の歴史を以下のように総括している。

漢・唐の時代から清の時代まで新疆は「西域」と呼ばれてきた。中国古代の通商ルートであるシルクロードも新疆領内を通っていたため、多くの中国人にとっては西域という地名には古代のロマンと悠久の歴史のイメージがこめられている。

紀元前六〇年の西漢の時代に、西域に都護府が設けられ行政を行使している。清の時代の一八八四年に、新疆省が設置される。中華人民共和国建国後、少数民族の権益を考え、一九五五年に新疆省を新疆ウイグル自治区に変えた。

莫氏のあげている年代はそれとして正しい。ただ紀元前六〇年と一八八四年のあいだの二〇〇〇年の歴史こそが問題なのである。

参考文献

橋本萬太郎編『民族の世界史5　漢民族と中国社会』山川出版社　一九八三年
小松久男編『新版世界各国史4　中央ユーラシア史』山川出版社　二〇〇〇年
堀川徹編『講座イスラーム世界3　世界に広がるイスラーム』栄光教育文化研究所　一九九五年
江上波男編『世界各国史16　中央アジア史』山川出版社　一九八六年
岡田英弘『世界史の誕生』筑摩書房　一九九二年
杉山正明『遊牧民から見た世界史——民族も国境もこえて』日本経済新聞社　一九九七年

第三章　名和克郎

南アジアと東アジア・中央アジアの境界

ネパールの事例を中心に

境界と周縁性

本書で取り上げられるさまざまな「境界」のなかで、南アジアと東アジア・中央アジアの境界ほど一目瞭然なものもないのではなかろうか。世界地図を広げてみれば、巨大な山塊がインド亜大陸とチベット高原とを隔てているさまが、否応なく目にはいってくるからだ。ヒマラヤの名で知られるこの山塊はしかし、二つの世界を分かつ障壁としてのみ存在していたわけではない。それは第一に、その地形ゆえに南北双方と相対的に異なる社会的・文化的相貌をもつ人々が居住する空間を提供し、第二に、ヒマラヤ越えの峠を通じて二つの世界が交流し接触する場ともなってきたのである。

その広大な地域的広がりと、亜熱帯から氷雪気候にいたる多様な環境、さらには地形に由来する交通の困難さを反映して、ヒマラヤ地域といってもその内実はじつにさまざまである。その全体像を簡潔に示す作業は、本章に割りあてられた紙幅では不可能であるばかりか、そもそも筆者の身にあまる。そこで本章では、ヒマラヤ全体からある特定の地域に向けて、記述をクローズアップさせていくこととする。具体的には、南アジアとチベットのあいだを画するヒマラヤ地域について概観したあと、そのほぼ中央に位置する王国ネパールを例として国家レヴェルでの周縁性について論じ、最後にネパールのなかでも地理的にもっとも周縁的な一地域に焦点をしぼって、人々の実際の生活にみられる周縁性や境界との関わりをみる。議論はあとにいくほど特定の状況に限定されたものとなるが、そうした特殊性の裏に、より広い範囲に共通した状況が存在していることは指摘しておきたい。こうした作業をとおして、ヒマラヤ地域にかんする情報を提供するとともに、そもそも境界や周縁について語ることがいかなる根拠で可能なのかという点にまで議論を進めたいと思う。

1—ヒマラヤ

自然と文化の多様性

南アジアと東アジア・中央アジアの境界を画すのは、世界最高の山脈ヒマラヤである。「ヒマラヤ」の名は、サンスクリット語のヒマ(雪)とアーラヤ(住処《すみか》)が連声により結びついた語ヒマーラヤに由来する。お手持ちの世界地図を広げて、今一度その広がりをご確認いただきたい。インダス川の峡谷からブラフマプトラ川大屈曲部まで東西二四〇〇キロ以上、南北二〇〇〜三〇〇キロ、南に張り出した弓形の広大な山の連なりである。北海道から九州までの日本列島をやや倒すとほぼそれと重なる、といったほうがわかりやすいかもしれない。ヒマラヤというと八〇〇〇メートル峰や氷河ばかりが強調されがちであるが、実際にはインド亜大陸の平野部の縁にそって平行にはしるいくつもの山脈から構成されており、虎や犀《さい》のうろつくジャングルもあれば、標高差一〇〇〇メートルをこえる壮大な段々畑もある。広義には北に平行するカラコルム山脈、トランス・ヒマラヤ山脈（カイラース山など）を含むが、こうすると世界の八〇〇〇メートル級の山のすべてがヒマラヤにあることになる。

広大なヒマラヤ地域には、その急峻な地形と多様な生態系を反映して、さまざまな人々が居住している。ヒマラヤの主脈グレート・ヒマラヤの北側に住む者の多くがチベット人ないしチベット系の人々であるのにたいし、その南側に住む人々に多様性が著しい。カシュミールをはじめとする西ヒマラヤは、その北西にパミール高原という文明の十字路を擁し、さまざまな政治的・文化的変動をへてきたが、近年は多くの地域でムスリムが過半を占めている。高地のザンスカールやラダックはチベット仏教徒の地であるが、バルティのようにチベット語系の言語を維持しつつイスラーム化した人々もいる。

そこからヒマラヤ南麓を、インドのヒマーチャル・プラデーシュ州、ウッタラーンチャル州、さらに独立国家であるネパールへと東に進むと、多くはヒンドゥーである南アジア系の人々が比較的標高の低い地域、チベット・ビルマ語族の言語を話す諸民族が標高の高い地域に住み、さらにその北に点々とチベット系の人々が生活する地域がある、という住み分けがみられるようになる。ごくおおざっぱにいうと、東にいくほどチベット・ビルマ語族の言語を母語とする人々の割合がふえる傾向がある。

さらに東に進み、仏教国ブータンをへてインド領のアッサム・ヒマラヤ（とくにアルナーチャル・プラデーシュ州、かつての北東辺境管区）にいたると、ヒンドゥー、チベット双方の直接的影響は遠のき、さまざまな少数民族が住み分ける地域となる。たとえば、この地域で話されるチベット・ビルマ語族の言語の多くはアッサムやナガランドの少数民族言語に系統的に近く、他方チベット語の方言を話すメンパ、モンパと総称される人々は中華人民共和国の少数民族門巴《メンパ》族に連なる。またこの地域の南にはタイ語族の言語を話すアホムが十三世紀から十九世紀まで王国を築いた。東ヒマラヤは、南におれるとナガ丘陵からミャンマー、ブラフマプトラ川をこえて東に抜けると中華人民共和国の雲南省から東南アジア大陸部にかけての山地へと連なっており、むしろこの広大な少数民族地域の西北端だとみることもできる。

ヒマラヤ山中に住む多様な人々は、けっしてそれぞれが外部から隔絶した小世界に住んできたわけではない。たしかにヒマラヤの地形は、人間の自由な移動にたいする自然の障壁として機能してきた。しかしそれにもかかわらず、あるいは逆にそれゆえにこそ、ヒマラヤ地域の人々は、それぞれ周囲の人々となんらかの関係を結んできた。採集狩猟や焼畑農耕を生業とする人々も外部との物々交換をおこなってきたし、季節移動する遊牧民の家畜が定住農耕民の畑に肥料を与えることもあった。ヒマラヤ山中の聖地をめざす巡礼者もいた。ヒマラヤ越えの交易は、ヒマラヤ山中の民が南北に移動しつつ独占的に交易をおこなう場合から、それぞれの社会が南北双方の隣接する人々と関係をもつことで鎖状に品物の流れが形成される場合まで、多様な形態をとりつつヒマラヤ各地でおこなわれ、その同じ道は南北双方の文明の交通路ともなってきた。チベットの仏教が、インドに仏教が存続していたあいだ、それとの交流を続けつつ発展していったという事実が、そうした交通の重要性を端的に示している。また長いタイムスパンでみると、ヒマラヤ地方の住人はさまざまな方角からこの地にはいり、ヒマラヤ地域内においても移動を繰り返してきた。現在の多様かつ複雑な民族・文化・社会構成も、こうした交通と民族移動の結果以外のなにものでもないのである。そして同様の過程は、国民国家の成立やあらたな交通手段の登場などにより複雑さを増しつつ、現在も継続している。

ヒマラヤの政治単位

広大なヒマラヤ地域は、二〇〇一年現在、インド、パキスタン、ネパール、ブータン、中国という五つの国の領土からなっている(ただし、いまだに国境が確定していない地域もかなり残されている)。このうちヒマラヤ地域に特化した独自の国家をなしているのが、ブータンとネパールである。ネパールについては次節で論ずるので、ここではブータンについて簡単にまとめておこう。

ブータンは、おもにヒマラヤの南面に広がる王国で、国家語とされるゾンカではドゥク・ユル(ドゥルック・ユル、ドゥないしドゥルの音は反舌音)という。九州よりも大きい国土を有し、人口は六〇万人台から二〇〇万人以上というものまでさまざまな推計値がだされている。チベット仏教カギュー派に属するドゥク派を国教としており、ゾンカも言語学的にはチベット語の方言である。住民の多くはゾンカ語をはじめチベット語南部方言に属する諸言語を母語とするチベット仏教徒であるが、とくに東部にはチベット語ではないチベット・ビルマ語族の言語を話す住民が多く住み、また南部には、比較的近年に移住してきたネパール語を話す人々が多い。ブータンは文化的にはチベット仏教圏に属し、ヒマラヤ南麓でももっともチベット文明色が濃い地のひとつだといえるが、チベットの一部ではない独自の歴史とアイデンティティを主張してきており、また政治的には南アジア地域協力連合(SAARC)の一員である。

ネパールとブータンのあいだにかつて存在したもうひとつのヒマラヤの王国がシッキムである。紅茶の産地として有名なダージリンの北方に位置するシッキムには、レプチャと呼ばれる先住民が住んでいたが、十七世紀にはチベット系のナムギャル王朝が設立され、チベットのダライ・ラマ政権と関係をもつなどチベット仏教圏の一部としての位置づけをもつにいたった。十九世紀以降はイギリスによるダージリン開発などもあり、ネパールからさまざまな民族が流入した。外交面では、一八九〇年清朝とイギリスのシッキム条約によりイギリスの保護国、一九四七年には独立インドの保護国となり、ついに七五年にはすでに多数派となっていたネパール系住民らの主張により王制が廃止され、インドに併合された。一九九一年時点で人口四〇万人をこえるインドの一州となっている。

こうした動きは、国民国家の浸透によりヒマラヤの地域的独自性が失われていく過程とみえるかもしれない。しかし逆にインド国内においては、ともにヒマラヤ地域にあるヒマーチャル・プラデーシュが一九七一年、アルナーチャル・プラデーシュが八六年に州に昇格、また二〇〇〇年には北インドの中心的な州のひとつウッタル・プラデーシュ州のヒマラヤ地域が分離してウッタラーンチャル州が成立するなど、インドという国家の大枠は維持しつつ州レヴェルでヒマラヤ地域の独自性を打ち立てる動きがみられる。ヒマラヤの地域性を示す動きは一国の国境の内部にも存在するのである。国民国家の論理とヒマラヤ固有の地域性の関係は、ヒマラヤ内部の人口移動(シッキムで独立に終止符を打つ要因となり、近年いわゆる「ブータン難民問題」をも生じさせることとなったネパール系住民の東方への移住の流れは、そのもっとも顕著な例のひとつである)ともあいまって、しばしば複雑な様相を呈している。

2 ── ネパール

ネパールをめぐる多様なイメージ

チベット高原から弓状に南に張り出す長大な山塊のほぼ中央に位置するのが、ヒマラヤの王国ネパールである。本節ではこの国に焦点をしぼり、周縁性と二つの世界の境界の問題について、より具体的にみていく。その際、かなり人口に膾炙《かいしゃ》しているネパールという名前にまとわりつくさまざまなイメージを、とりあえずの手掛りとして議論を進めたい。

ネパールという語に結びつくイメージのなかでおそらくもっとも強いのは、ヒマラヤの雪山や氷河といったものであろう。世界最高峰エヴェレストあるいはチョモランマ、カンチェンジュンガ、ダウラギリ、アンナプルナといった八〇〇〇メートル峰の姿、神秘的な色をたたえる氷河湖、あるいは頑強なウシ科の動物ヤクといったさまざまな具体的なイメージが、それに結びついているかもしれない。ヒマラヤの懐に住む純朴な笑顔をたたえた山地民、とりわけ登山やトレッキングで出会う忠実なるシェルパのイメージもよく知られていよう。そこにしばしば結びつくのが、仏教とりわけチベット仏教のイメージである。五色の旗をはためかせた宗教施設や、独特の低音を響かせる仏教音楽、また壮麗な仮面劇を思い浮かべる方もいるだろう。こうしたイメージの連鎖のなかで想像される典型的なネパール人は、広大なヒマラヤの自然にはぐくまれ、現代文明にどっぷりと浸かったわれわれがすでに失ってしまった心の純真さをもつ敬虔な仏教徒といったものになるのかもしれない。

ネパールという名にまつわるもうひとつの強いイメージは貧困である。近代化から取り残された世界最貧国のひとつで、一人当りＧＮＰ（国民総生産）は世界でも最低水準にあり、そうした状況を背景に少女買春をはじめさまざまな社会問題が生じている国、急峻な地形のため開発もままならず、農地の多くが山腹にへばりつくようにつくられた段々畑であるため生産性が低いうえに土壌の流出が急速で、さらには森林の消滅をはじめとする環境破壊にさらされている国、といったイメージである。こうした状況にたいするＮＧＯ（非政府組織）の活動も、時に報道されるところとなっている。さらに別個のイメージとして、かつて旧日本軍とも戦った勇敢なグルカ兵の姿を思い浮かべる方もいるかもしれない。また、二〇〇一年六月の王宮の事件によって、この国の名を思い出される方も多いだろう。

必ずしもすべてが正しいとはいえぬネパールにかんする以上のイメージの多くには、ひとつの共通点が存在する。ネパールが、現代文明の恩恵を享受するわれわれの住む世界とのこえがたいほどの差違をとおして想像されていることである。別の言い方をすれば、いわゆる先進諸国を中心とする視角からすると、ネパールは南アジアと東アジア・中央アジア双方の辺境だというより、「世界の周縁」だとみなされている。もちろん、世界の果てネパールというイメージは、その周縁性にかんする評価いかんにより多様な像を結ぶ。それがマイナスの価値づけと結びつけば、貧困や環境破壊の問題が喚起される。逆に周縁性を肯定的にとらえる「秘境ヒマラヤ＝ネパール」というイメージは、チベットのイメージと微妙に結びつきつつ、多くの人々をネパール観光へと誘ってきたといえるだろう。

ネパールの多様性と独自性

すでにふれたように、ネパールは大部分ヒマラヤの南麓に広がる東西に細長い王国である。その面積は北海道と九州をあわせたよりも大きく、人口は本章執筆時点で二三〇〇万人をこえているとみられる。緯度的にいうと本来は亜熱帯に属しており、実際首都カトマンドゥの緯度は台北や那覇より高く、ニューデリーやカイロよりは低いのだが、海抜一〇〇メートル以下から八八四八メートルにいたる多様な高度を誇る山岳国であるため、気候的な差異はきわめて大きい。幾重にも連なる山並によって画されたその国土は、北のヒマラヤ地域、南のインドに連なる平野部タライ、そしてそのあいだに広がる中間山地帯の三つに分けられる。山と川とにより幾重にも分断された中間山地帯のなかで、カトマンドゥ盆地は例外的になだらかな地形をなしている(図1)。ヒマラヤの高峰のイメージが先行するネパールだが、実際には北インドの平野部と変わらない広大な平野の農村もあれば、虎や犀の棲む国立公園も存在する。極西部ネパール、インドとの国境近くの風景を南から北に順にならべた図2〜6から、その環境の多様性をうかがうことができるだろう。

図1　カトマンドゥ盆地

図3　中間山地帯のバザールから大ヒマラヤを望む　極西部ネパール、バイタディ

図2　タライからヒマラヤ方面を望む　極西部ネパール、マヘンドラナガル

図5　極西部ネパール、ビャンスの村チャングル全景

図4　中間山地帯の段々畑　バイタディ郡

図6　ヒマラヤ越えの道　中央やや下にラバの隊商が見える。

こうした多様な自然環境を反映して、ネパールに住む人々もじつに多様である。ここでは、それをごく簡単に、住んでいる地域と伝統的な母語の系統に従って六つに分けてみたい。はじめの三つが基本的にインド・ヨーロッパ語族インド語派の言語を、あとの三つはチベット・ビルマ語族の言語を伝統的母語としてきた人々である。

ネパールの中核をなす中間山地帯の比較的高度の低い地域を中心に住んでいるのが、ネパール語を母語とするヒンドゥーの人々、いわゆる「パルバテ・ヒンドゥー」である。ネパールの人口の約四割（以下数字はすべて一九九一年国勢調査による）を占めるこの人々の大部分はヒンドゥー教徒の農民であり、ブラーマン、チェットリ（クシャトリヤがネパール語化した語）と低位の職業カーストからなる比較的単純なカースト的社会構成をもつ。現王室をはじめ、近代以降のネパールの政治の中核を担ってきたのは、パルバテ・ヒンドゥー高カーストのエリートたちである。

一方インドに連なる平野部タライには、ヒンディー語系のいくつかの言語を話す人々が住む。多くはヒンドゥー教徒で、多数のカーストからなる典型的な北インド的社会を構成してきたこれらの人々は、ムスリム人口も含めるとネパールの全人口の約二割を占めている。同一の言語を話す人々は国境の南のインド領により多く住んでおり、むしろそれぞれの言語・文化地域のなかを国境線が横切っているといったほうが正確である。

ネパール最南端の平野部の開墾された農村風景と、山々の中腹に森と段々畑が交錯する中間山地帯のあいだには、かつてマラリアの蔓延《まんえん》する広大なジャングルが存在し、ヒマラヤの主脈とならんで南アジアとチベットのあいだのもうひとつの障壁となってきた。この地域に古くから住んでいたのが、タルーをはじめとするいくつかの民族である。その多くは現在インド・ヨーロッパ語族のそれぞれ独自の言語を母語としている。カーストをもたない平等的な社会を有するこれらの人々は全人口の約一割を占めるが、伝統的に住んできた土地のかなりの部分が他人の手で開墾されてしまった現在、その生活条件は悪化している。

他方、中間山地帯の比較的高度の高い地域を中心に住んでいるのが、チベット・ビルマ語族の、多くの場合たがいに通じ合わないそれぞれ独自の言語を伝統的母語とする諸民族である。社会的にはカーストをもたず、南ではヒンドゥー教、北ではチベット仏教の影響を受けつつ、多くの場合独自の言語的・文化的・宗教的伝統を維持してきたこの人々が、ネパールの人口に占める割合は、約二割である。

チベット・ビルマ語族の言語を母語としてきた人々のなかでも、カトマンドゥ盆地を中心に住むのがネワールと呼ばれる人々である。ネワールは全人口の六%弱を占めるにすぎないが、のちに述べるように千数百年におよぶ都市文明の担い手として、ヒンドゥー教徒と仏教徒の双方からなる複雑な社会をつくりあげてきた。

最後に、ヒマラヤの高地に点々と居住するのが、チベット語の方言を母語とするチベット系の人々である。有名なシェルパ(この語は本来職業名ではなく特定の民族の名前である)をはじめその多くはチベット仏教徒であり、服装や食べ物から社会構成にいたるまで、チベット的な特徴を多く有している。だが注意すべきことに、チベット系の人々が全人口に占める割合は、一%にも満たないのである。

ネパールは多様な人々から構成される国家であるが、その中心にいるのは仏教徒ではなくヒンドゥー教徒である。歴史的にも、王室をはじめ近代ネパールの中核をなしてきた人々の大部分はヒンドゥー高カーストであった。一九九一年時点で全人口におけるヒンドゥー教徒の割合は八割五分をこえ、他方仏教徒はすべてあわせても一割にも満たない。そして決定的なことは、ネパール王国憲法のなかで、ネパールが多民族のヒンドゥー王国だと明記されていることである。また(国王)陛下についても「アーリヤ文化の後継者、ヒンドゥー教の庇護者」という規定がなされている。これらの点で、ネパールをチベットや仏教のイメージでとらえるのは、完全なる誤りとまではいえないまでも非常にかたよった見方なのである。

政治的・経済的な側面からみると、ネパールはインドと中華人民共和国に挟まれた陸封国であり、なかでも圧倒的な重要性をもつのがインドとの関係である。インドとの国境は両国人の行き来が自由ないわゆるオープン・ボーダーであり、また貿易にかんしてもインドの存在は圧倒的である。またネパールは南アジア地域協力連合の構成国のひとつである。北の中国の存在感はたしかに巨大だが、ネパールは第一義的には南アジアの周縁に位置する国家だといってよいだろう。

こうした状況にあってネパールは、南アジア世界における独自性を示すべく、さまざまな手段を講じてきた。たとえばよく指摘されるように、ネパールと日本との時差は三時間一五分である。なぜそこまで細かい数字なのか。日本とインドとの時差は三時間半、バングラデシュとの時差は三時間なのである。またネパールの公式の暦は現在でも南アジア系のヴィクラム・サンバットであるが、その日付の計算はネパールにおいて独自におこなわれ、また一年の開始もインドのいくつかの地域のようにチャイトラ月(西暦の三～四月にあたる)でなく、バイサーク月(同じく四～五月にあたる)である。さらに休日がインドのように日曜でもバングラデシュのように金曜(最近では金土の週休二日)でもなく土曜日であることも、南アジアの国々を意識した独自性の主張の一例とみることができよう。

ネパール・イメージの起源と流行

ネパールの周縁性とそのイメージについてさらに議論を進めるために、ここで歴史に目を転じよう。現在ネパールの領土となっている土地のなかで、過去千数百年にわたりほぼ連続して文明が栄えてきたのはカトマンドゥ盆地である。カトマンドゥ盆地の王朝が現在ネパールとなっている地域の大半を支配したことがあったわけではないが、現在ネワールとして知られるその住民たちは、チベットとインド亜大陸を結ぶ主要ルート上に存在する肥沃な盆地というめぐまれた地理的条件をいかし、南北双方との交易や文化的・政治的関係を維持しつつ、精緻な都市文明を築き上げてきた。カトマンドゥ盆地にとっての南北双方との交流の重要性は、たとえば古代ネパールのリッチャヴィ王国の最盛期が、南のプシュヤブーティ朝(ヴァルダナ朝)のハルシャヴァルダナ、北の吐蕃《とばん》王国のソンツェンガンポという、それぞれ大帝国をつくりあげた王の治世と重なることに典型的にあらわれている。南北双方との人的・物的交流の蓄積はまた、ヒンドゥー教徒と仏教徒(インド、チベット双方との交流を背景にネワール仏教と呼ばれる独自の仏教を発展させた)の双方を含む特異なカースト制度をもつ、ネワールの複雑な社会構成にもあらわれている。

だが、カトマンドゥ盆地に栄えた諸王朝が、現在のネパール王国に直接連続しているわけではない。近代のネパール王国は、盆地の西側に起こったパルバテ・ヒンドゥーを中心とする王国のひとつゴルカがカトマンドゥ盆地を征服したことにより、十八世紀の後半になって成立した。そして、ネパールの現在の領土がほぼかたまるのは一八一六年のことにすぎない。それ以前、現在のネパールの国土には、多様な人々が、さまざまな相互関係をもちつつ、しかしひとつのまとまりを形成することなく暮らしていたのである。逆にいうと、現在の国境線は、従来存在していたなんらかの文化的・社会的な配置を反映しているというより、特定の時点の政治的・軍事的な力関係によって引かれたものなのである。

しかし実際に成立した国境は、ネパールをひとつの全体としてイメージする思考をも成立させることになった。この点で典型的なのが、ネパールはゴータマ・ブッダの生誕地だという話である。このことは、チベットのイメージとともに、外部者をしてネパールを仏教国であるかのごとく想像させる有力な根拠となっている。たしかに、彼が誕生したとされるルンビニーの遺跡は、ネパール領内に存在している。だが、ブッダが生まれた当時、現在のネパールに対応する政治勢力などどこにも存在していなかった。当時の状況に即していえば、ブッダは古代南アジア文明の中心ガンジス平野の北の縁のあたりで生まれたのであり、ブッダと現在のネパール王国の伝統のあいだになんらかの直接的関係があるわけではない。たまたま近代になって引かれた国境線のために、現在その場所がネパールの領土内にあるということなのである。

ヒマラヤとそこに住む純朴な山の民、そしてチベット仏教というネパール・イメージもまた、比較的最近に、西洋との関係のなかで形成されたものである。そもそも、現在一般にエヴェレストの名で知られる山が世界最高峰とされるためには、まずもって近代的な測量術と、どの山が世界で一番高いかを問題とする思考法とが成立している必要があった。具体的には、エヴェレスト周辺でおこなわれたインド大三角測量の結果を整理する過程で、一八五二年に当時ピークXVと呼ばれていた山が世界最高峰であることが「発見」され、のちにイギリス人の元インド測量局長官の名をとって「エヴェレスト」と名づけられたというのが真相である。この点でエヴェレストという山の名は植民地主義的なものである。ちなみにこの山はシェルパ語、チベット語ではチョモランマあるいはそれに類似の音で、ネパール語ではサガルマタと呼ばれるが、ネパール語の名称のほうは、たまたま半分自国にあることが判明した世界最高峰の山に、自分たちのことばによる名称をあとから付与したものと考えられる。

二十世紀前半には、エヴェレストと呼ばれる山をはじめとする八〇〇〇メートル峰をめぐる登山競争が激化、その過程で、イギリスにより開発されたインド領ヒマラヤ南麓の小都市ダージリンに出稼ぎにでていたネパール出身のシェルパの人々が、有能にして忠実な高地ポーターとしてみいだされた。そして、二十世紀後半にネパールが外国人観光客を受け入れるようになり、他方チベットへの外国人の立入りが極端にむずかしくなると、ネパールはヒマラヤの王国というイメージに加えて、秘境チベットの代替物としての意味をもつことになった。シェルパの故郷のひとつクンブ地域に観光客が直接おとずれ、そのチベット系の文化にふれたことも、ネパールをチベットのイメージでみることに一役買ったといえるだろう［シェルパについては鹿野 2001; Ortner 1999参照］。ネパールのもつチベット的なイメージは、西洋の測量術や、同じく西洋起源の登山や異国趣味と、この地域の複雑な政治情勢を前提として生成してきたものだったのである。

だがここで、ネパールのチベット・イメージを単純な誤解だとして切り捨てるだけでは、問題の解決にはならない。たとえば、現在ネパールの主要産業のひとつである観光が、このイメージをひとつの資源として活用しているという事実があるからだ。しかもそれをおこなっているのは、シェルパをはじめとするチベット系の人々ばかりではない。ネパールの国家や、そこで観光業に従事するさまざまな出自の人々は、世界の周縁というイメージを逆に利用するかたちで観光客や援助を呼び込み、その際、南アジア世界の独自の一員としてのネパールの主張と、広く流布したそのチベット・イメージ、仏教イメージとをうまく使い分けているということができる。チベット系の人々がヒマラヤの高地を中心に住んでいるという事実は、周縁性の演出には好都合であった。ネパールの周縁性についての人口に膾炙したイメージは、いまやネパールの多くの人々に利用され、彼らに生活の糧を与えるとともに、観光客の望むネパール人を演じさせる点で、彼らを逆に拘束してもいるのである。

他方、世界の果ての秘境ネパールという像は、反対からみると、現代世界から取り残された世界の辺境ネパールという像にそのまま転化する。そして、そうした観点からネパールをみれば、GNPから平均寿命、識字率から自動車道路の長さにいたるまで、そうした像を裏書きする証拠は容易にえられる。ネパールへの援助という活動は、しばしばこの二つのネパール像が結びつくところで生じるものである。注意すべきは、プラス・マイナスいずれの価値づけをともなうにせよ、ネパールを世界の周縁だとする見方は、自分たちが世界の中心近くにいる一種優越的な存在であることを自明視することにより、はじめて可能になるものだということである。

念のため断っておくが、私はネパールへの観光や援助を否定しているのではない。なぜあまたある国や地域のなかからネパールを観光地として、あるいは援助対象として選ぶ人が相対的に多いのか、その点をネパールについての広く流布したイメージとの関連で考えてみただけである。実際問題として、ネパールには現に観光によって生計を立て、あるいは援助の恩恵を受けている人たちが大勢存在する。そうした現状を踏まえたうえで、ネパールにたいする明らかにゆがんだイメージを再生産するのではなく、それをネパールの人々とのよりよい関係を築きうるものに更新していくための努力が、必要とされていると考える。

3—ビャンス地方

ヒマラヤの人々と交易

国家の水準からさらに焦点をしぼり、つぎに人々の実際の暮らしにおける周縁性の問題についてみてみよう。ヒマラヤ地域の人々の多くが、南アジア世界とチベット世界のあいだでその文化的・社会的独自性を保持してきたことはすでに示唆したとおりである。とりわけチベット・ビルマ語族の言語を伝統的母語とするがチベット人ではない一群の人々は、南アジアとチベットの双方に単純な帰属意識をもつことがむずかしいという点で、本章の主題にもっともふさわしい人々だといえるだろう。とくにネパール・ヒマラヤにおいては、都市文明を築き上げたネワールを除くと、こうした人々は山地の村々にあって、二つの大伝統のあいだで、双方の影響をさまざまな程度に受けつつそれぞれ独自の民族社会を形成してきた。大文明を中心とみなす文明史的観点からすれば、それらこそが二つの文明の周縁にある典型的な社会だということになるだろう。

こうしたヒマラヤ地域の住民を考えるうえで、南北双方との経済的関係は重要な要素である。とりわけチベット高原にぬける峠の南側の住民たちのなかには、チベットとアジア世界を結ぶ交易を伝統的におこなってきた人たちが多い。その基本形態は、チベット高原の岩塩や羊毛と、ヒマラヤ南麓で収穫される穀物を交換するというものである。ヒマラヤ越えの峠が通行可能になる夏期には、交易民たちは、羊、山羊、ラバ、ヤク、ゾプキョ（ヤクと牛の一代雑種）など地域により異なる家畜をつれてチベットにぬけ、塩や羊毛を入手する。秋になってヒマラヤ南麓のモンスーンが終わり、ついで雪と寒さでヒマラヤ越えが困難になると、彼らは母村から南に向かい、中間山地帯から時に平野部までおりてきて、仕入れた産品を穀物と交換する。春にはそれをもって母村に戻り、峠が通行可能になるとまたチベットにでかけて塩や羊毛を手にいれる。こうした交易は、交易民たちに、文化的・社会的に異なる二種類の人々に接する機会を与えてきた。彼らは、南北の世界を媒介するとともに、自らもその双方の影響をなんらかのかたちで受けうる存在であったのである。

ヒマラヤの中間山地帯の比較的標高の高い地域を中心に居住してきた人々のうち、ここでは極西部ネパールの最北部に位置するビャンスという地域の人々の暮らしを紹介する。極西部ネパールはネパールのなかでもカトマンドゥからの距離がもっとも遠く、また降水量が少なく山が急峻で、ネパール全体のなかでも貧しい地域のひとつとされている。そうした村々をとおりすぎ、さらにヒマラヤの道を登っていった先にあるビャンス地方は、まさしくネパールという国の最周縁部といってよいだろう。つまりビャンスは、チベット、インドという二大文明圏の周縁にあると同時に、そうした周縁性をおびた国家ネパールのさらに周縁に位置しているといえる。だが、そうした条件は必ずしも停滞につながるわけではない。適当な地理的・歴史的条件のもとでは、辺境は外部への窓ともなるからである。以下では、ビャンス地方に住む人々がこうした条件によってどのように規定され、またそれをどう利用してきたのかを、私自身の調査に基づいて概観したい。

ビャンスとその住民

ビャンスは、極西部ネパール一の高山アピ(七一三二メートル)の北側に広がる標高三〇〇〇メートル以上の高地である。自分たちの言語で自らを「ラン」と呼ぶこの地域の主要な住民は、チベット・ビルマ語族の言語を伝統的な母語とし、南北双方と異なる独自の文化的・社会的あり方を維持している。ビャンス地方は冬は雪に閉ざされるため、住民のほとんどは歩いて三日ほど南の郡庁所在地ダルチュラ(標高一〇三〇メートル)に移る。ビャンスの住民はビャンスとダルチュラにそれぞれ家をもち、役所や学校もそれぞれ季節ごとに移動を繰り返している。

その辺境性にもかかわらず、ビャンスを特徴づけているのは、周囲の村々に比して際立ったその豊かさである。ビャンスの村々には、窓枠に美しい彫刻をほどこした二階建て三階建ての立派な家が建ちならび、農閑期には村の広場でトランプに興じる男性(図7)や、家々の前庭で糸紡ぎや編み物をしつつ世間話にいそしむ男女の姿を見ることができる。村のなかを歩いていれば家々からお茶に呼ばれ、時に以下に述べるようなさまざまな食事を供されることになるだろう。ダルチュラのビャンス地方の住民の住む一角には、富裕層の二階建て三階建てのコンクリートの邸宅が建ちならんでおり、その主人は子供をネパールやインド、さらにはアメリカの一流大学に留学させ、本人はソファーに座って衛星放送のテレビを見ているかもしれない。図8はそうした大商人の一人が娘の結婚式の際に地方の名士を集めて開いたパーティの写真だが、このパーティは彼の鉄筋コンクリート三階建ての邸宅の広大なベランダ部分でおこなわれたものである。もちろんすべての村人の生活がこれほど豊かなわけではない。多くの村人は、石積みの家に住み、村々を行商したり、家畜を使ったちょっとした荷物の運搬を請け負ったりと、さまざまな収入の道を探ってどうにか生計を立てている。しかし、ほとんど食うや食わずという生活をしている人間は、ビャンスの伝統的住民には私の知るかぎり一人もいないのである。

こうしたビャンスの豊かさを支えてきたのが、チベットと南アジアを結ぶ交易である。ビャンスの人々は農耕や牧畜もおこなうが、半年間しか農作業のできないビャンスの自然条件を考えると、これらだけで豊かな生活を送ることはできない。それを補ってあまりあるのが、チベットと南アジアを結ぶ通

図7　チャングルの広場でトランプを楽しむ人々

図8　チャングルの大商人の娘の結婚式のパーティにて

行の容易な峠のすぐ南にあるという、ビャンスの立地のよさだったのである。ビャンスの住民たちは、夏にはビャンスから峠をこえてチベットのプランへでかけ、伝統的には塩や羊毛、近年ではそれに加えて中国の工業製品を手にいれる。村が雪に閉ざされる冬には、ヒマラヤ南麓のダルチュラを基点に周辺の村々から時に平野部、大規模に商売をおこなう者はデリーやカトマンドゥにまで足を延ばし、伝統的には塩を穀物と交換し、現在ではインドの工業製品から粗糖、そのほかさまざまな商品を仕入れてくる。こうした品々を運ぶ際に顕在化するヒマラヤ南北におけるものの価値の違いが、ビャンスの人々に富をもたらしてきたのである。

もちろん、ヒマラヤの街道沿いに住んでいれば自動的に交易の富をえられるというわけではない。交易を成功させるために、ビャンスの人々はさまざまな能力を身につけてきた。たとえば私の知るかぎり、音声言語を普通に話す能力のあるすべての成人のビャンス居住者は、ビャンシー語に加えて、ヒマラヤ南麓で話されているパハーリー語方言、峠の北で話されているチベット語、学校で学ぶネパール語、ヒンディー語、英語といった言語のうち少なくともひとつ、大多数の人は二つ以上をかなり流暢に話す[名和 2000：206-209]。こうした多言語使用能力は、かなりの部分ヒマラヤ越えの交易によってつちかわれるとともに、交易の場で重要な役割を担っており、その獲得が南北双方の人々とのさらなる交流を可能にするといった類のものである。

さらにビャンスの人々は、相手の言語を用いて外部者と交わることを通じて、南北双方の儀礼や慣習、文化といったものにたいする知識を増大させ、その一部を自らの社会的・文化的営為のなかに取り込んできた。儀礼から衣食住にいたるまで、ビャンスの人々の営為には、チベット的なもの、南アジア的なものの双方が明確にみられる。たとえば、儀礼において、人々は北方からの影響を思わせるダルチョーという柱を立てたあと、「エー・パルメシュレー」という明らかにサンスクリット語起源の文句を唱えるのである。

注目すべきは、こうした南北からのさまざまな影響にもかかわらず、ビャンスの人々は、少なくとも現在までのところ、文化的・社会的にも、また当人自身の意識のレヴェルでも、北のチベット人にも南のカースト社会にも吸収されていないということである。ビャンスの文化や社会を、南アジアやチベットの常識のみから理解することは不可能である。加えて、自分たちは南北双方の人々とは異なった存在だという意識は人々のあいだで強く、たとえばわれわれはチベット人でも南アジア系の人でもないという言い方をよく耳にするのである。夏と冬で異なった場所に住み、異なった他者と長年にわたって接してきたビャンスの人々は、それにより自らの文化的・社会的営為を豊富化させつつ、自らの独自性にかんする感覚を維持・強化してきたのである。

ビャンスの食生活

ここで、ビャンスの食生活についてやや詳しくみてみよう。ビャンスの家では朝一番に、ミルクと砂糖、場合によってはスパイスもいれて煮立てた紅茶がだされる。チャクタ・ジャー(甘い茶)と呼ばれるこの紅茶は、比較的最近に南アジア方面から広まってきたものだという。その後、二杯目以降に飲まれるのがマル・ジャー（油の茶）と呼ばれるチベット茶である。固めた茶の葉と精製バター、塩などを攪拌してつくられるこのお茶は、お茶というより一種のスープといった風味の、濃厚にして独特の味がする。人々はこのお茶を何杯か飲み、あわせて麦こがしの粉（イェー）や昨夜の残り物を食べて朝の軽食とする。この二種類の茶は、人をお茶に呼ぶとき、必ずこの順番でだされるものである。

昼や夜の食事のメニューは多彩である。多くの場合主食となるのは、コトと総称されるパンの類か、チャクと呼ばれるご飯（図9）である。なかでも伝統的な主食とされるのは、ダッタンソバ（ソバに似た穀物だが、実を粉にすると苦く、薄い緑色をしている）の粉を水でとき、ホットケーキのようにして焼いたシレ・コトである。塩や唐辛子、山羊の乾燥させた脂身をつけて、あるいは南アジア系のスパイスを用いた野菜の炒め煮と一緒に食べることが多い。コトのなかには、南方から買いつけた小麦を用いてつくる南アジア風の無発酵パン、カンク（ロタ）・コト（図10）や、同じく小麦を水にといて焼く、具のないお好み焼風のテレ・コトなど、ほかにもさまざまな種類がある。米は南方から買いつけてきたインディカ米（長米）で、通常途中で汁を捨てるいわゆる湯取り法で炊かれるが、体調が悪いときなど、豆などをいれてスパイスで味つけした粥ダムティーがつくられることもある。

これらとともにだされるのが、多くの場合南アジアで広く用いられるいくつかのスパイスを用いた、野菜や肉の煮物ないし炒め煮的な料理である。チャンマと総称されるこうした料理は、羊や山羊の肉（生の場合と干し肉の場合がある）、ジャガイモ、大根、菜っ葉、豆（これは南方から仕入れたものである）、さらには切干し大根風の乾燥野菜、あるいは以上のいくつかを組み合わせたものなど種類は豊富で、ビ

図9　チャク（飯）に肉とジャガイモのチャンマ、大根の付合せ

図10　カンク・コトにジャガイモのチャンマ

図11　農作業時の昼食風景　チャングル近郊

図12　そのときのメニュー　シレ・コト、カンク・コトにジャガイモのチャンマ

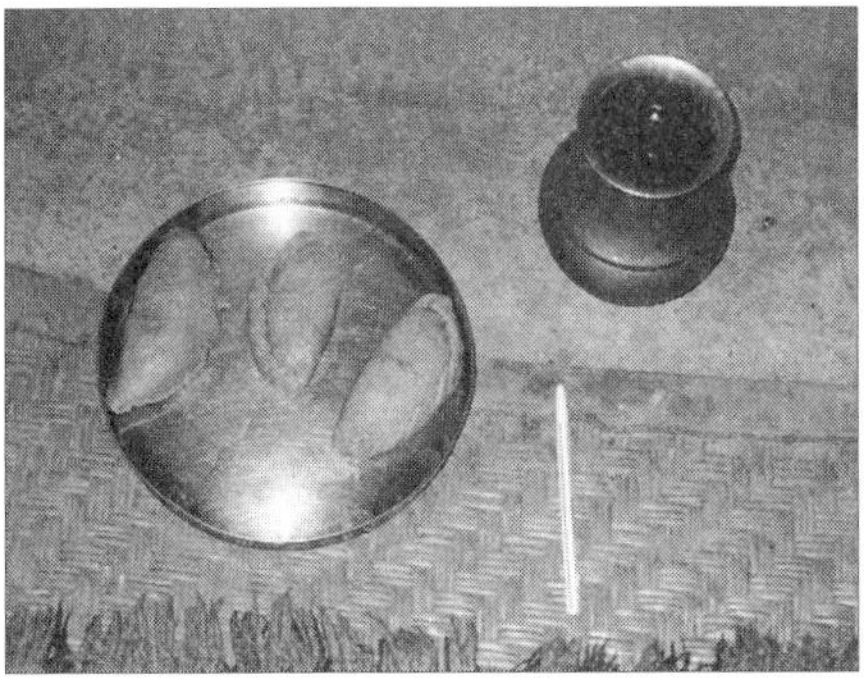

図13 チャングルでつくられた水餃子モモ 中身は肉でなく乾燥野菜

図14 カラン 濃厚な味のする煮物

図15 ティーツェンペン

ャンスの村にいてさえ毎日同じメニューで飽きがくることはない(図9・10)。図11と図12は、ビャンスの村チャングルの人々の農作業に同行した際昼食時にとったものだが、二種類のパン(色の濃いものがシレ・コト、薄いものがカンク・コトである)にジャガイモのチャンマをのせて食べ、さらに牛乳を発酵させた飲み物ブティ(図12の左上に見えている)と二種類の茶を飲むと、十分満ちたりた食事となる。これが富裕層の冬の越冬地ダルチュラでの食事ともなると、日本のなみのインド料理店のランチメニューより美味だといって過言ではない。

ビャンスには以上とは異なる系統の料理も存在する。ひとつはおそらくチベット語からの借用でモモといわれているもので、小麦粉をこねてつくった皮のなかに肉や、肉がないときは乾燥野菜を戻したものをスパイスとともにいれて茹でた一種の水餃子である(図13)。またカランと呼ばれる煮込み料理(図14)は、羊や山羊の肉や脂身といろいろな野菜をじっくりと煮込んだ濃厚なスープで、これだけで晩の食事となる。さらにおもしろいのがティーツェンペンである。これは、小麦粉をこねたものを長さ五センチくらいの紡錘形に仕上げて茹で、油とスパイスをいれて熱した鍋で炒めてつくる食べ物である(図15)。

かくしてビャンスの食卓は、南北双方の影響を受けた食材がさまざまなかたちで混ざり合った、独特の様相を呈することになる。ビャンス固有の食べ物とされるシレ・コトにカレー風の煮物がついたり、遥か中国の麵料理の系統を引くとおぼしきティーツェンペンが南アジア風のスパイスで炒められたりすることは示唆的である。こうした料理が成立したのは、人々が長きにわたり南北双方の社会を毎年おとずれてきた結果にほかならない。そしてビャンスで用いられる食材の多くはビャンスでは収穫できないため、こうした食生活を維持するためにはつねに南北との交流を維持することが必要である。マル・ジャーの葉は北から、小麦粉や米、それにスパイスの多くは南から運んでこなければならない。加えて、現在ではあたり前に収穫され食べられているジャガイモや唐辛子も、比較的最近に外部から導入された食物なのである。南北の文明のあいだにあって両者と交流しつつその独自性を保持するというビャンスの人々の基本的なあり方は、こうした生活の細部にもおよんでいるのである。

近代国家の周縁としてのビャンス

ここまで、南アジアとチベットのあいだのヒマラヤ地域に住む人々の生活における周縁性のあり方を、ビャンスの状況を例にして具体的にみてきた。だが、ビャンスの現状を考えるには、こうした文明史的な枠組みを参照するだけでは不十分である。ことに二十世紀中葉以降、こうした「辺境」の地にも国家の制度が直接およぶようになったからだ。いいかえれば、ビャンスのいくつかの村は二つの文明の周縁であるだけでなく、ネパールという国家の周縁ともなったのである。ビャンスの人々はこの二重の周縁化ともいえる事態にたいし、過去五〇年以上にわたりさまざまなやり方で対処してきており、その影響はビャンスの人々の生活のさまざまな面におよんでいる[名和 2002]。ここではこうした変化のいくつかの側面を、ごく簡単にまとめておこう。

ネパール領ビャンスの人々にとってまずもって重要だったのは、ネパールがヒンドゥー教を国教としていることである。この事実をもっとも真剣に受けとめたのは、隣接するインド側の学校ですでに高等教育を受けていた、二十世紀なかばにおける村の若きリーダーたちであった。彼らは、ビャンスの儀礼のうち、とくにヒンドゥー高カーストの視点からこのましくないと感じられる（と彼らが考えた）いくつかのものを、ヒンドゥー的なかたちに改変してしまったのである。たとえば葬式でウシ科の動物ヤクを用いることは禁止され、結婚式で花嫁側の未婚女性が花婿の村を訪ねることもなくなった。たしかに、ビャンスの人々が、二十世紀初頭にも南方からの訪問者にたいして自分たちをヒンドゥーだと語っていた証拠がある［Sherring 1993(1906)：64］。しかし、自らがヒンドゥーであることを、南に住むヒンドゥー高カーストの人たちとの対比において考え、意識的かつ計画的に儀礼のやり方を改変することは、おそらく今世紀なかばに生じた新しい現象である。

同時に、ネパール領ビャンスの人々の、自分たち自身にたいする位置づけの仕方も変化した。従来ビャンスの人々は、自分たちを南北双方の隣人と異なる独自の存在であると考えてきた。この考え方は今も存在しているが、それに加えてあらたな見方があらわれたのである。自分たちはネパールを構成するさまざまな民族のひとつだ、という見方である。これが、ネパールという国民国家を前提とした新しいものであることはいうまでもないだろう。近年ビャンスでは、かつてのようなヒンドゥー化に向けた動きは下火になり、むしろビャンス独自の伝統を語る議論が盛んになりつつあるが、これが単純な過去への逆戻りでなく、多民族国家ネパールという枠組みを前提としている場合が多いことは注意を要する。さらには、世界の周縁ネパールという外部からの視線と、その裏返しであるネパール国家の開発イデオロギーとに対応するかたちで、自分たちが辺鄙《へんぴ》な開発の進んでいないところに住んでいるという意識も、人々のあいだに広く浸透している。

ビャンスが明確にネパールという国の一部となったことは、同時にビャンスの人々を北の隣人から遠ざけ、南の隣人に近づかせることになった。ネパール国家は、子供の教育から医療にいたるまでのさまざまな便宜をそれなりに村人に提供しているが、その際用いられるのは基本的にネパール語なのである。役人たちは、たとえ当人がチベット・ビルマ語族の言語を話す民族の出身であるとしても、ネパール語を話すネパールの役人として、必ず南方からやってくる。かたや、ビャンスの人々がチベットにいくにはそのための書類手続きが必要であり、そこでは外国人商人としての滞在が認められるにすぎない。国境線の明確化によって、南北双方の隣人との距離には多大のずれが生じたのである。

こうしたことは、たとえばビャンスの食生活にも少なからぬ影響を与えている。食材にかんしては、スパイスや米、小麦をはじめ、ヒマラヤ南方への依存が強まっている。また、チベット系のマル・ジャーを飲まず、伝統的主食であったシレ・コトを食べない若者がふえ、南アジア系のスパイスをふんだんに使ったカレー系の料理が食べられる機会が増加している。他方、その消費量は減っているにもかかわらず、ビャンス独自の食べ物としてのシレ・コトの重要性がことさらに語られる。さらには、西洋風の料理をつくったりパンケーキを焼いたりする若い人もあらわれている。これは一見たんなる西洋化の過程にみえるが、こうした西洋風の料理が学ばれるのは、つねにネパールかインドにおいてであって、国境をこえた北側においてではないことは注目に値する。ビャンスの人々は、「西洋化」ともいうべき一連の現象を、西洋から直接ではなく、南アジア経由で取り入れてきたのである。この点にかんして重要なのは、ネパール領ビャンスが外国人立入禁止区域内にあったため、観光による西洋人との直接の接触がなかったことである。二十世紀後半のビャンスにおいて、ネパールのチベット・イメージは、観光化が進展していった地域と異なり、人々の生活や自己主張に大きな影響を与えることはなかったのである。

ビャンスの人々にとって、チベットとの関係が重要でなくなったわけではない。実際それは二十世紀後半においても、主要な富の源泉でありつづけた。だがこのことは、チベットとの交易がまったく従来どおりにおこなわれていることを意味しない。たとえば、交易される産品は岩塩から工業製品に変わり、荷を運ぶ動物が羊や山羊からラバに変わるといった変化が生じている。だがおそらくもっとも重要なのは、ネパール領ビャンスの人々の二十世紀後半における交易の成功の一因が、近隣のインド側をとおるヒマラヤ越えのルートがインドと中国との関係悪化により三〇年にわたり閉じられたため、すべての交易をネパール側の彼らが一手に引き受ける状況が期せずして生じたことにある、ということだ。国境の明確化は、思わぬかたちでネパール領ビャンスの住民に恩恵をもたらしたのである。

既成のイメージをこえて

本章は、南アジアと東アジア・中央アジア、インド亜大陸とチベット高原のあいだに位置するヒマラヤ地域における境界性・周縁性のあり方と、そもそもそういった問題を立てるさしあたりの根拠とを、さまざまな水準の現象を通じて概観したものである。ヒマラヤはたしかに人々の移動を制限する自然の障害として機能している。しかしこのこと自体は周縁性の問題に直結するものではない。ヒマラヤ地域の諸社会を南アジアとチベットの境界あるいは周縁と簡単にいいうるのは、第一に南アジアとチベットにそれぞれ独自の文字や国家、宗教伝統を有する文明が形成されており、第二にそうした文明を中心に世界の文化的布置を把握するやり方がかなりの程度常識化しているからである。そしてそういう目でこの地域を見れば、文明の周縁部における南北双方からの影響と地域ごとの独自性にかんする具体的な現象を、さまざまな水準で容易にみいだすことができる。

もちろんこれは文明史的観点からの言い方であって、ヒマラヤに住む人々が自らを周縁的な存在とみなしたかどうかは、また別の問題である。たとえば近代ネパールをつくりあげた王プリトゥビ・ナラヤン・シャハは、ネパールを「真のヒンドゥスターン」だと言ったことがあるし[Stiller 1989(1968):44]、ビヤンスの人々は自分たちを南北いずれの人々とも異なる独自の存在と認識していたのである。他方、南北双方の文明の中心にいる人々がヒマラヤ地域をどうとらえていたのかはさらに別個の問題だが、この点を詳しく検討することはここではしない。

ヒマラヤ地域に明確な近代的な国境が引かれ、複数の国家が必ずしも従来の文化的・社会的まとまりとは重ならないかたちで領土をもったことは、事態を複雑化させることとなった。とりわけヒマラヤに特化した国家の場合、南北双方の周囲の大国との対比において、また国家内部の環境的・社会的・文化的多様性との関連においていかに自らの独自性を主張し、それとの関係でおのおのの国家において周縁的な位置を占める人々をどう扱うかという、困難な問題に直面することになったのである。一方それぞれの国家のなかに住む人々の側も、従来の社会的・文化的状況に加えて国家の施策やイデオロギーにも対応したかたちで、さまざまな自己主張や行為をおこなってきている。さらにますます盛んになりつつある国境をこえる人の移動は、各国や地域の人口バランスを変化させるとともに、それぞれの国民国家の、それ自体微妙な均衡のうえに成り立つ自己主張との関係で、さまざまな軋轢《あつれき》を生じさせてもいる。

最後に、イメージの問題にふれておこう。ヒマラヤに住む人々も、観光をはじめさまざまな理由でそこをおとずれる人々も、ヒマラヤやそこにある国々と、そこに住む人々について多様な認識とイメージをもっている。そうしたイメージのなかには、メディアと観光客と現地社会の相互作用によって微妙に変化しつつ再生産され、ほとんど世界的規模で流通しているものもあれば、国民国家レヴェルで強く喧伝《けんでん》されているものもある。そしてそのなかには、ネパールについて具体的にみたように、周縁性に結びつくものがじつに多いのである。それらのイメージはしばしば完全に正しいとはいいがたいものだが、重要なのは、それらが実際の人々のあいだの関係に大いなる影響を与えうることである。さまざまな情報やイメージの流れは、ヒマラヤやその内部の諸地域に外部からかかわる人々の思考と行為に重大な影響を与えると同時に、ヒマラヤに住む人々自身が、そうした情報との関連で逆に自らの周縁性をみいだし、それを利用し、同時にそれに拘束されていくという現象をも生じさせているのである。

ヒマラヤ山脈を南北二つの世界を隔てる境界としてみいだし、そこに住む人々を周縁の民とみなすのは、一見ごく簡単にできることである。だが、境界や周縁性をめぐる問題は、それがじつのところ誰にとって、どのような条件下で、いかなる意味において境界であり周縁であるのかという問いと結びついてはじめて、そもそも問題として成り立ちうる。それらを明らかにする作業は、われわれ自身のものも含め、周縁や境界のイメージを対象に投影する行為にたいする具体的な批判をともなわざるをえない。周縁を文脈抜きで自明視することなしに周縁について具体的に議論すること、それが本章が試みてきたことであった。

参考文献

石井溥編『もっと知りたいネパール』弘文堂　一九八六年
石井溥編『暮らしがわかるアジア読本ネパール』河出書房新社　一九九七年
鹿野勝彦『シェルパ　ヒマラヤ高地民族の二〇世紀』茗溪堂　二〇〇一年
酒井治孝編『ヒマラヤの自然誌——ヒマラヤから日本列島を遠望する』東海大学出版会　一九九七年
田中公明・吉崎一美『ネパール仏教』春秋社　一九九八年
谷川昌幸訳『ネパール王国憲法』ネパール研究会　一九九四年（*Nepāl Adhirājyako Saṃvidhān 2047*, Śrī 5 ko Sarkār, Kānūn, Nyāya tathā Saṃsadīya Vyavasthā Mantrālaya, Kānūn Kitāb Vyavasthā Samiti, 1990 (2047 V. S.)
名和克郎「ネパール、ビャンスにおける「母語」をめぐる諸問題——言語名の用法と指示対象をめぐって」『ことばと社会』四号（二〇〇〇年十一月）
名和克郎『ネパール、ビャンスおよび周辺地域における儀礼と社会範疇に関する民族誌的研究——もう一つの〈近代〉の布置』三元社　二〇〇二年
日本ネパール協会編『ネパールを知るための六〇章』明石書店　二〇〇〇年

D・B・ビスタ（田村真知子訳）『ネパールの人びと（増補新装版）』古今書院　一九九三年
山本けいこ『ブータン――雲龍王国への扉』明石書店　二〇〇一年
Dutta, Parul and Syed Ishteaque Ahmad (eds.), *Arunachal Pradesh* (*People of India* Vol. XIV). Calcutta: Anthropological Survey of India, 1995.
Fisher, James F. (ed.), *Himalayan Anthropology: The Indo-Tibetan Interface*. The Hague and Paris: Mouton, 1978.
Fürer-Haimendorf, Christoph von, *Himalayan Traders: Life in Highland Nepal*. New Delhi: Time Books International, 1988 (1975).
Gellner, David N., Joanna Pfaff-Czarnecka and John Whelpton (eds.), *Nationalism and Ethnicity in a Hindu Kingdom: The Politics of Culture in Contemporary Nepal*. Amsterdam: Harwood Academic Publishers, 1997.
Ortner, Sherry B., *Life and Death on Mt. Everest: Sherpas and Himalayan Moutaineering*. Princeton: Princeton University Press, 1999.
Sharma, B. R. and A. R. Sankhyan (eds.), *Himachal Pradesh* (*People of India* Vol. XXIV). Calcutta: Anthropological Survey of India, 1996.
Sherring, Charles A., *Western Tibet and the British Borderland: The Sacred Country of Hindus and Buddhists: With an Account of the Government, Religion and Customs of its Peoples*. New Delhi: Asian Educational Services, 1993 (1906).
Stiller, Ludwig F., *Prithwinarayan Shah in the Light of Dibya Upadesh*. Kathmandu: Himalayan Book Centre, 1989 (1968).

第四章　クリスチャン・ダニエルス

東南アジアと東アジアの境界

タイ文化圏の歴史から

タイ文化圏とはなにか？

今日のわれわれにとって、国連に認知されているような「国民国家」の言語と歴史は学びやすいものである。その国家の成り立ち、発展の筋道、民族の言語と文化などの学問的探究は重視され、研究・教育のための経済・行政的支援体制が完備されているからである。だが、しばしば近代国家の建国に貢献した文化や民族がはたした役割を強調するあまり、貢献度の低い民族集団や地方を研究者は等閑視しがちである。ここで紹介するタイ文化圏（シャン文化圏ともいい、以下当該地域と略称することがある）はそのようなうき目に遭遇した地域であるため、知名度はつとに低い。読者のかたでもタイ文化圏という名称を聞いたことはほとんどないであろう。

タイ文化圏は六つの近代国家の領土にまたがっており、多数の民族が暮らす地域である。具体的にいうと、それはミャンマー（ビルマ）、タイ王国、ラオス、ヴェトナム、インドのアッサム州、中国雲南省の一部を含んでいる（図1）。民族は単一ではなく、政治的に優位に立ったタイ系民族のほかにも、はっきりとした相違を有するいくつものモン・クメール諸語、チベット・ビルマ諸語、カレン諸語および漢語を話す民族が共生しており、事実上複雑な言語・文化モザイクが織りなす複合文化圏をつくりあげている。まとまりをもつ文化圏となりうるのは、タイ系民族によって打ち立てられた王国があったからである。そこは、バンコクを中心とするタイ王国や、ビルマ族を中心とするミャンマー、キン族を中心とするヴェトナムなどに劣らないほどの悠久の歴史を誇っており、十三〜二十世紀のあいだには、これらの政権が独自の文化を築きながら興亡を繰り返してきた地域でもある。

ところが、かがやかしい歴史と文化を有しているからといって、世界史に名を残すというわけではなさそうで、この地域は世界史はおろか、東南アジア史や中国史のなかでさえも顧みられることがなかった。それは近代領域国家をつくりだす民族が出現しなかった点に起因している。タイ文化圏の王国と諸民族は、タイ王国、ミャンマー、中国などが領域国家を形成する過程のなかでそれらに統合されてしまったために、多くの歴史学者はその存在さえも知らない。民族・文化・政治の側面からみて、かつて密接な関係にあったタイ王国北部と雲南省南部の王国は、それぞれタイ王国と中国に併合され、別々の国家体制に組み込まれたため、現在となってはこれらのあいだに共有された歴史と文化のつながりが、ヤンゴン、バンコクや北京が押し進める政策の陰に覆い隠されてしまって、外からはその本来の姿がうかがいにくくなっている。

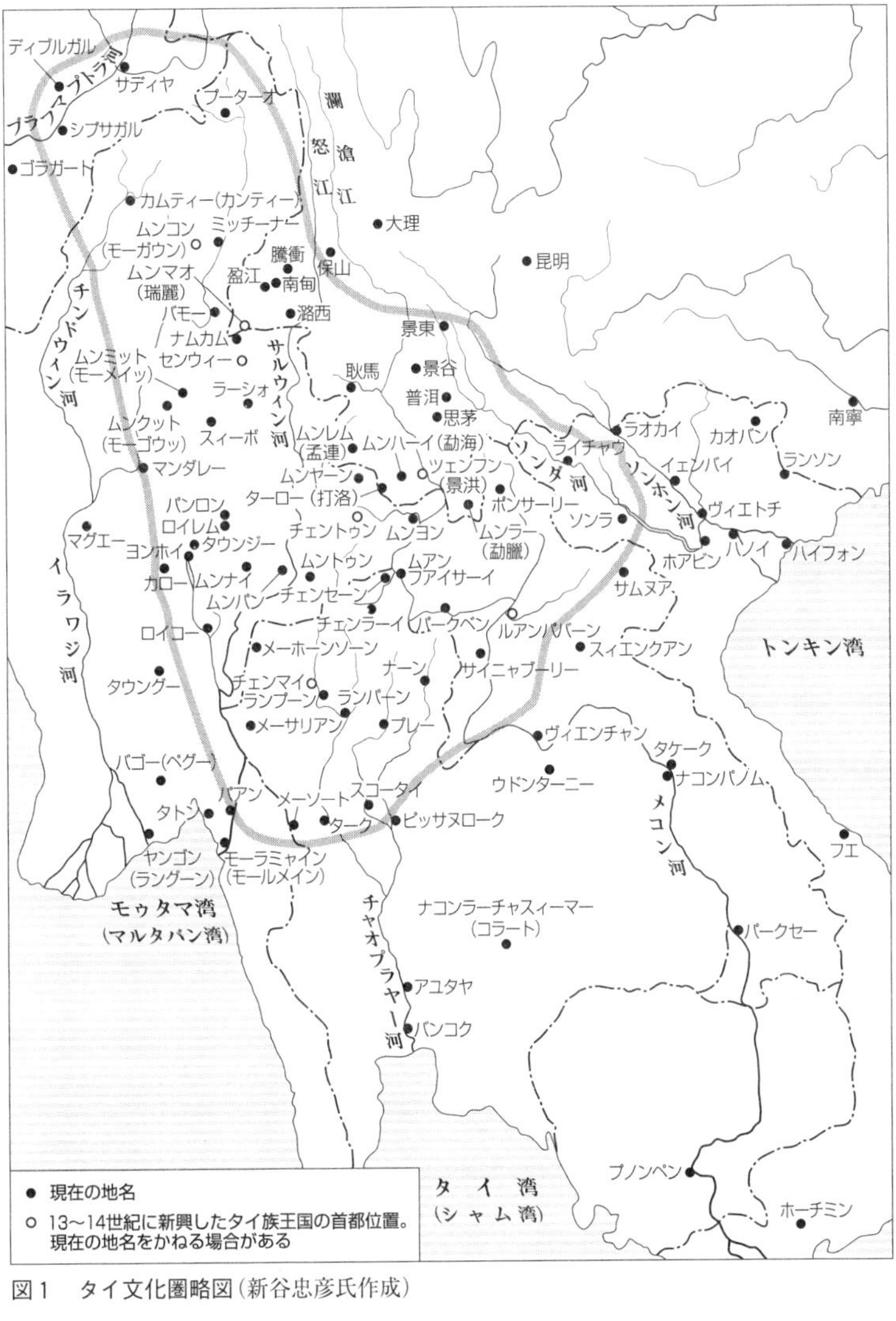

図1　タイ文化圏略図(新谷忠彦氏作成)

タイ系民族の王国がこの地域の民族と文化を緩やかに統合していたため、ここに共通の歴史と文化が生まれた。タイ系民族が主要な統治民族となり、彼らの言語・文化が他の民族に強い影響をおよぼしたことから、この地域はタイ文化圏と名づけられた。シャン文化圏とも呼ばれるが、ここでいうタイ系民族の自称はタイ(Tay)であり、タイ王国の主たる民族であるタイ(Thai と区別するためにここではシャムという)とはそもそも異なる文化と歴史を有しており、その相違を強調するため、以下タイ系民族を略してタイ族ということにする。

いくら日本人がこの文化圏の名称になじみがないといっても、それはこの地域についてまったくイメージがないという意味にはならないであろう。毎年多数の日本人観光客がおとずれているからである。この地域には王国の遺跡を中心とする観光地が多い。古い城壁を残すタイ王国北部のチェンマイも、山紫水明で知られるラオスのルアンパバーンも去りし日の王国の都である。また、観光客は、山地民の集落を訪問したりトレッキングしたりして、タイ文化圏の民族や自然がしばしば観光資源となっている。だが、すべてがいいイメージというわけにはいかない。この地域には独立や自治権を要求する闘争がたえないうえ、麻薬の産地という汚名のレッテルが貼られた黄金の三角地帯も含まれている。さらに、ミャンマーのシャン州からタイ王国へ若い女性が流れている事実から、売春婦の供給地域という批判もある。このようにいりまじる善悪のイメージは、統合される過程で、かつての王国が地理的にも経済的にも新しい近代国家の辺境におかれた事実と関係している。タイ文化圏の住民が裕福になるのか、貧困化していくのかは、統合を強要した各国家の政策にかかっているからである。

タイ文化圏はこの地域の歴史と文化を理解する新しい概念といえる。十九世紀以降タイ王国北部、中国西南部、ラオス北部、ミャンマー(ビルマ)やヴェトナムに居住するタイ(Tay)系諸民族が、言語・文化的に緊密な関係を有している点がさまざまな研究者によって指摘され、タイ王国のシャム(Thai)人の民族起源問題と関連づけて論及されたこともあったが、それをひとつの文化圏としてみなすようになるのは一九九〇年代からである。この時期からタイ(Tay)族の立場からの実証的な調査・研究が多くなったが、すべての民族を含むかたちでひとつの文化圏の存在を提唱したのは言語学者の新谷忠彦氏である[新谷 1998:2–17]。タイ文化圏の研究は緒についたばかりで、まだまだわからないことが多く、推薦できる概説書さえもないが、本章ではこの知られざる世界へと読者を誘いたい。

1―タイ文化圏の概念とその民族

国境線による分割より地域の連続性

中国と東南アジアはまったく異質な世界であるとされている。中国は漢族を中心として高度な文明と技術を生み出し、古代から巨大な国家をつくりあげたのにたいし、東南アジアは中国とインドの二大文明のはざまにあって、必要に応じてその双方から文化要素を適宜に選択して、ヒンドゥー・上座仏教・イスラームなどの宗教を基礎に数多くの独自な文化・国家を形成してきた。歴史上、中国の中央集権的な国家がミャンマー、ラオス、ヴェトナムに進出し、その一部を支配下においた時期もあった。それは一時的な現象にすぎず、中国世界と東南アジア世界は現在の国境線によって区切られているというのが一般の認識である。しかし、このような見方はタイ文化圏の歴史と文化を理解する妨げともなっている。中国西南部から東南アジア大陸部にかけては、もともと社会組織、信仰および物質文化など多くの文化要素を共有するさまざまな民族集団が暮らしているが、十九世紀末から国境線が画定されたため、この地域の民族と文化の本来の姿がみえにくくなった。中国西南部と東南アジア大陸部は国境線で分断されるものではなく、そのあいだに民族と文化が連続する地域としてタイ文化圏が位置する。

近代国家を創立・存続させるためには、国境線を画定しその領域のなかに居住する民族の言語・文化の統一を推し進めることが前提となる。日本の文化的多様性がすでに実証されているにもかかわらず、多くの日本人は自国の政治・文化の統一度合がきわめて高く、模範的な近代国家であると信じて疑わない。しかし、教科書どおりの近代化観念では、アジアの国々の現状を正確に理解することはむずかしい。なぜならアジアでは政治的統一をはたした近代国家ではあっても、言語・文化・宗教が完全に統合されている事例のほうが少ないからである。

タイ文化圏という概念は、国境線より、国と国の底流に流れる言語・文化・歴史の絆を重視している。上記六つの近代国家の辺境地区のある部分が、ひとつの緩やかな文化的まとまりを有している地域と考えるからである。近代国家とは民族が統一されており、その文化も均一であるとする考え方では、タイ文化圏がまたがっている国々の実態を的確に把握することはできない。国籍を有する国家で国民意識をもちながらも、地続きの外国で暮らす民族の言語・文化に、より帰属性を覚える民族が多いからで

図2　藍靛《らんてん》ヤオの女性　一九九九年十二月七日、ラオス北部のルアンナムター省にて。

ある。タイ文化圏はこのようにわれわれの既成の常識を覆すと同時に、通常の地図や書物からは読みとれない世界を呈示してくれる。

緩やかなまとまりをなすこの文化圏は十二〜十三世紀から形成されていた。各民族集団を統合したのはタイ族の政治権力であった。タイ文化圏はそもそもひとつの強大な政権が全域を統治したのではなく、にかよった言語・文化・宗教を保持する多数の政権がそれぞれの領地を統治していた。タイ族がこれらの政権の統治者となっている場合が多いため、その言語・文化・宗教が全域にわたり強力な影響をおよぼし、統治下の各民族に受け入れられた。タイ族の言語がリンガ・フランカ(共通語)となり、その政治・文化の制度が憧れのまととなり、タイ族が信奉する上座仏教が広まった。

総じていえば、タイ文化圏というのは以上のような歴史経験を出発点としている概念である。十二〜十三世紀以降、台頭してきたタイ族の政権とともに形成されたこの文化圏は、いくたびもの変遷をへながら、二十世紀にこれらの政権が近隣の近代国家に統合されて歴史の彼方《かなた》に消えてしまったが、現在でも、この概念は当該地域に居住する諸民族の固有な歴史と文化を総合的に理解するために有効なのである。

里の民、山住みの民

タイ文化圏の地理的範囲は広大である。中国西南部に位置する雲貴《うんき》高原の南端から、西はインドのアッサム地方、南はミャンマーのカレン州、タイ王国の北部、ラオスおよびヴェトナム北部の山地・低地を含んでいる。地勢としては北のほうが南より高い。北から南にいけばいくほど海抜がさがっていく。

図3　ハニ族（ゴパラ）の女性　籐製の腰箍（こしたが）を着用している。一九九九年十二月七日、ラオス北部のポンサーリー省にて。

図4　ハニ族（ゴパラ）の男性の頭飾り　一九九九年十一月二十四日、ラオス北部のポンサーリー省にて。

言語系統	現代の民族名	主要居住地	中国での人口 1990年 (単位：万人)
チベット・ビルマ	イ族（彝族）	雲南･四川･貴州･広西･ラオス北部	657.2
	白族	雲南	159.4
	ハニ族（哈尼族）[3]	雲南･ミャンマー北部･ラオス北部・タイ北部	125.3
	リス族（傈僳族）	雲南・ミャンマー北部・タイ北部	57.4
	ラフ族（拉祜族）	雲南・ミャンマー北部・ラオス北西部・タイ北部	41.1
	チノ族（基納族）	雲南	1.8
	ジンポー族（景頗族）	雲南・ミャンマー北部	11.9
	アチャン族（阿昌族）	雲南・ミャンマー北部	2.7
	ロンウォー族[4]	雲南・ミャンマー北部	0.5
	ヌー族（怒族）	雲南	2.7
	トゥルン族（独龍族）	雲南	0.5
	プノイ族	ラオス北部ポンサーリー	—
カレン[5]	スゴー・カレン	ミャンマーカレン州・タニンダーイー管区・バゴー管区・エヤワディ管区・タイ北部	—
	ポーカレン	ミャンマーカレン州・タニンダーイー管区・バゴー管区・エヤワディ管区・モン州・タイ北部	—
	パオ	ミャンマーシャン州・カレン州	—
	カヤー（カレンニー）	ミャンマーカヤー州	—
	ボエーカレン	ミャンマーカヤー州西部・カレン州・カレン州北部・ダウングー近辺	—
	パダウン（カヤン）	ミャンマーカヤー州北部、西部・シャン州南部	—

3） ハニ族は西双版納の愛尼族とミャンマー北部、ラオス北部およびタイ北部に居住するゴやアカの集団を含む。

4） ミャンマーに居住するロンウォー族（マル族）の人口は10万人である。澤田秀夫「チベット・ビルマ諸語」52頁（新谷忠彦編『黄金の四角地帯――シャン文化圏の歴史・言語・民族』慶友社、1998年）。

5） カレン系諸民族全体の推定人口は300万人から400万人である。加藤昌彦「カレン諸語」62頁（新谷忠彦編前掲書）。

表１　タイ文化圏に居住する主要な民族

言語系統	現代の民族名	主要居住地	中国での人口 1990年（単位：万人）
タイ	チワン族（壮族）	広西、雲南、広東・ヴェトナム北部	1548.9
	白タイ	ヴェトナム北部	—
	黒タイ	ヴェトナム北部・ラオス北部・タイ東北部	—
	タイ族（傣族）[1]	雲南	1025.1
	タイ・ルー族	雲南・ラオス・ミャンマー・タイ	—
	タイ・ヌー	雲南・ラオス・ミャンマーのシャン州	—
	タイ・ダウ	雲南・ミャンマーのシャン州	—
	ラオ族	ラオス北部	—
	ユアン族	タイ北部	—
	クン族	ミャンマーのシャン州	—
	シャン族	ミャンマーのシャン州・タイ北部	—
	カムティーシャン族	ミャンマー最北部のカムティーロン地区およびインドの一部地域	—
ミャオ・ヤオ	ミャオ族（苗族）	貴州・湖南・雲南・広西・四川・広東・ラオス・ヴェトナム・タイ	739.8
	ヤオ族（瑶族）	広西・湖南・雲南・貴州・広東・ラオス・ヴェトナム・タイ	213.4
モン・クメール	ワ族（佤族）[2]	雲南・ミャンマー北部・タイ	35.1
	ブラン族（布朗族）	雲南・ミャンマー北部	8.2
	ドァアーン族(徳昂族)	雲南・ミャンマー北部	1.5
	リアン族（日昂族）	ミャンマー北部	—
	アクノ族（昂古族）	ミャンマー北部	—
	ダノ族（達脳族）	ミャンマー北部	—
	クム族（格木族・克木族）	ラオス北部	—

1）タイ族は中国で傣族と漢字表記されており、西双版納傣族自治州のタイ・ルー、徳宏傣族景頗族自治州とその周辺に居住するタイ・ダウ、臨滄地区のタイ・ヌー、思茅地区の孟連県のタイ・ポム、元江ハニ族自治県と新平県のタイ・ヤなど中国雲南省に居住するタイ諸語の中の南西タイ系諸言語の話者を含んでいる。

2）ワ族のなかにはタイに居住するラワ族（ルワ族）、ミャンマーのシャン州に居住するラー語、エン語、ソン語などを話すエスニック集団が含まれている。

雲南側の雲貴高原の平均標高は約二〇〇〇メートルだが、タイ王国の北タイ山地の平均標高は四〇〇メートルにさがる。北のほうには大起伏山地があり、南へ向かうその延長部にはシャン高原、北タイ山地、ラオス高原などの低起伏山地が続いている。

この広汎な地域の自然環境にはかなりの差異がみられるが、地形が大きく起伏している点が人間の居住形態に大きな影響をおよぼしている。多くの河川は全域の各高原に河谷を刻み込んでいる。雲南西部に源を発するサルウィン河とメコン河や、ミャンマーを縦断するイラワジ河など、東南アジアの大河がタイ文化圏を貫流して大海に流れ込んでいる。この三大河川の支流のほかにも、無数の水系が網の目のように山地をかけめぐっており、無数の河谷盆地をつくりだしている。この河谷盆地とそれを取り囲む山地は、当該地域の住民にとっての生活空間である。

古来、当該地域の民族の生活空間は、このように盆地と山地に二分化されてきた。里の民と山住みの民が別々の生態空間で暮らしてきたのである。里の民は河谷盆地で水稲耕作を、山住みの民は山地の傾斜地で焼畑耕作を営む。里の民と山住みの民は、それぞれ異なった農耕技術を用いておのおのの自然環境に適合した生業に従事する。両者は海抜の相違による生態空間を利用しているため、資源をめぐる争いなどは最小限に押さえられている。当該地域では、民族が海抜によって棲《す》み分けをして紛争を回避しようとする現象は広くみられるパターンである。

冒頭で述べたように、タイ文化圏はおびただしい数の民族集団によって構成されている。しかし、民族集団の総数を特定してその人口を正確に把握することはとてもむずかしい。中華人民共和国を除くミ

図5　クム族の母子　一九九九年十二月五日、ラオス北部のポンサーリー省にて。

ャンマー、ラオスおよびヴェトナムの政府が、民族を分類する調査を実施していないからである。表1には、中華人民共和国で使用している民族名称を中心に主要な民族として三九を掲げているが、中国における人口数のみをあげているのは上述の事情によるものである。

漢族人口が著しく増加した雲南は例外だが、タイ文化圏は今も昔も主に表1に掲げた諸民族から構成されている。雲南・ミャンマー北部・ラオス北部・タイ王国北部には、モン・クメール語系民族が先住していたといわれている。ミャンマーの東部からタイ王国北部にかけて分布するカレン語系民族は、古くからミャンマーに住んでいる。イ族・白族などのチベット・ビルマ語系民族は、中国の唐王朝・宋王朝と対抗して南詔《なんしょう》国・大理《だいり》国という独自の王国を建て、それらの政権とともに当該地域に進出した。突出して人口の多いタイ族(表1でのタイ語系民族)が、十二〜十三世紀以降、無数の政権を創建してタイ文化圏の中核となる文化をつくりあげて全域に広めたことは前述のとおりである。ここでは民族名称ひとつひとつよりも言語系統によって○○語系民族と呼んでいるが、これはつぎのような理由による。

二十世紀の民族分類を用いて歴史をさかのぼり、民族の起源や移動経路を正確に把握することには限界がある。まず、民族名称は時代とともに変遷して、史料に書かれた民族名称が現在のどの民族にあたるのかという同定の判断がむずかしい。つぎに、当該地域では古代から民族間の交流が盛んで、民族と民族の境界が流動的であり、つねに変化している傾向が強いため、二十世紀の分類基準が何世紀前までさかのぼって有効なのかつきとめにくい。同一言語系統のなかでも、言語と文化がかなりかけ離れている場合があるため、ここではおおざっぱな目安として言語系統を用いることにする。

分類の欠点はさておき、民族の棲み分けに話を戻そう。全体的な趨勢としては里の民はタイ族によって、山住みの民はモン・クメール、チベット・ビルマ、カレンおよびミャオ・ヤオ語系民族によってそれぞれ構成されている。苗《ミャオ》族、瑶《ヤオ》族、ハニ族、ラフ族およびリス族は十七世紀以降に移住してきて、山住みの民の列に加わった。しかし、ジンポー族のように古くから河谷盆地で暮らすチベット・ビルマ語系民族もいるため、このような棲み分けでは個別民族の生活空間が絶対に不動というわけではない。また、二十世紀後半から、雲南、タイ王国やラオスでは、政府による焼畑農耕の禁止や山住みの民の河谷盆地への強制移住などによって、異なる民族が共生しあう古来の仕組みには変化が生じている。いったん、山地からおろされたら、山住みの民はこんどは河谷盆地の主であるタイ族と同じ生活空間で資源を争わねばならなくなるのである。

2—相反する二つの農耕文化

農耕技術は民族に固有なものではない

当該地域は熱帯モンスーン気候である。一年は乾季と雨期に分かれており、一〇〇〇〜一五〇〇ミリの年間降雨量のほとんど全部が、五月から十一月までの南西モンスーン期にふる。水稲耕作を営むための雨量が十分であることから、稲作は全域で盛んである。河谷盆地では水田稲作が農業の根幹であり、山地でも焼畑地や天水田(天水に頼る)で稲作もおこなわれている。現在、里の民と山住みの民にとって、米は日本と同様もっとも重要な食糧である。しかし、主食は米だけという単一作物で、それを栽培する技術も単一だと思うなら、タイ文化圏における生業の最大の特徴のひとつをみすごすことになる。

生業が違えば、生活文化も異なる。河谷盆地と山地傾斜地ではそれぞれその自然環境に適合した生業が営まれているため、多様な生活文化が生まれている。山でも里でも営まれる採集狩猟と、山地での焼畑農耕民文化と河谷盆地での水稲耕作民文化の併存が、当該地域の全域に広くみられるパターンだが、生活文化においては共通性とともに顕著な相違も目につく。

焼畑耕作と水稲耕作は、ともに人間の生活を支える農作物を栽培する行為だが、その二つの文化で活用される農耕技術は大きく異なっている。その相違についてはおいおい詳述することとして、ここでは民族と農耕技術の基本関係を確認しておきたい。あたり前と思われるかもしれないが、生業は民族に固有なものではなく、民族が移動や生態空間の変化などによって自己の生存にもっとも適した技術を取捨選択している点をとくに重視したい。

タイ族だから水稲農耕、モン・クメール語系民族だから焼畑農耕というふうな論理は成り立たない。農耕技術は民族に固有なものではなく、各民族は暮らす自然環境に適合した技術を選択するのである。そのため、山地であれば焼畑農耕、河谷盆地であれば水稲耕作といった具合になる。中国では通常焼畑を営まない漢族が、タイ文化圏の山地に移住すれば焼畑農耕法を学ぶし、また、河谷盆地に居住するモン・クメールやチベット・ビルマ語系民族が水稲耕作を採用することもしばしばみられる。十九世紀にはタイ族が焼畑をした報告さえある。つまり、里の民は永遠に里住み、山住みの民は永遠に山住みとい

図6　インレー湖　昔、この湖の周辺を統合したシャン族のツァオパー(ツァオファー)が水上交通を活用していたが、今はビルマ語方言を話すインダー族の小舟が行き来する。1998年1月20日、ミャンマー・シャン州にて。

図7　乾地農耕　写真右半分に小麦畑が広がり、後ろの山には焼畑地が見える。1998年1月19日、ミャンマー・シャン州ピンダヤ近辺にて。

う紋切り型にはならないのである。

さらに、焼畑耕作か水稲耕作かの選択は、民族の政治権力・社会組織のあり方とも関係している。古代において、河谷盆地では焼畑や天水稲作はおこなわれていたが、そこで安定的な水稲耕作を営もうとすれば、灌漑施設を建設・維持するほどの定住人口とそれを統《す》べる政治権力が必要である。タイ族はもともと貴族と平民から構成された階層的な社会を形成していたので、そのような能力は備えもっていた。彼らの政権は平民から租税と兵役を含む徭役を徴収するほどの強制力を発揮しており、灌漑施設の運営は政権が平民を組織するのか、または村民が自主的におこなうのかのいずれのかたちでもありえた。しかし、階層化にいたらなかった山住みの民は、リーダーの政治権力が弱く、村落の離散集合も頻繁に起こっていたため、水利に必要な長期にわたる共同作業を組織する能力に欠けている。

タイ系諸言語では、焼畑地はハイ(hay)といい、水田はナー(naa)というが、ハイとナーでは異なったシステムの栽培技術が実施されている。以下、そのそれぞれをみてみよう。

焼畑耕作

この耕作システムは作業の手順、利用する道具や栽培する作物などの点で水田耕作と大きく異なっている。もっとも顕著な相違は耕地の形態である。水田耕作の耕地は盆地で、焼畑耕作は山地というように分れており、前者は灌漑設備を有する水田で、後者は天水に頼る畑である。さらに、水田耕作は毎年同一の場所で継続されるのにたいして、焼畑耕作は一年ないし数年の周期でつぎからつぎへと耕地を変えていくという違いがあげられる。つまり、焼畑は耕地を移動するところに大きな特徴があるのである。このような耕地の移動性は作業の手順からうかがえる。

(1) 森林を伐採して、伐り倒した樹木や灌木などに火入れして焼き払い、耕地を造成する。一年から三~四年までの短い期間に作物を栽培したのち、耕作を放棄して新しい森林を伐採し同じような手順を繰り返す。放棄した耕地では植生が回復するのを待って、再度その土地を利用することが多い。すなわち、休閑してふたたび耕作するという循環を繰り返すシステムである。

(2) 焼畑地は耕起《こうき》することなく、火入れしたのちに掘り棒で土に穴をあけて穀物のタネを植えるだけである。農学者はこの植えつけ方法を点播《てんぱん》と呼んでいる。また、タネをばらまく散播《さんぱん》というやり方もおこなわれている。雲南のシプソンパンナー(西双版納)で調査したハニ族の焼畑地では、野菜の乱雑な植え方にびっくりした覚えがある。落花生、トウモロコシ、綿花、白菜、大根、ゴマ、ヒョウタン、トマト、菜種(白花)、豌豆《えんどう》、タバコ、サトイモなどが同じ焼畑地にいりまじって植わっていた。各種の作物を混播《こんぱん》しているので、われわれが見慣れている一畝《ひとうね》ずつに整然と野菜を植える畑とは様相がだいぶ違う。

(3) 除草。本来手取りであったと思われるが、現在は鍬《くわ》を使用するところが多い。

(4) 収穫。アワ、シコクビエ、陸稲《おかぼ》など雑穀類の穂だけをつみとるやり方は古来の方法である。素手や手のひらに握った穂積《ほっ》み具で穂を一本一本つみとっていくので、穂摘み法という。現在では刈取りには鎌《かま》が主要な道具になっている。

図8　焼畑地　斜面の樹木を伐採して耕地にするが、水源を保全するため沢沿いの樹木を残す。1998年２月25日、ラオス北部のポンサーリー省にて。

図９　焼畑地　ハニ族（ゴープソ）は焼畑地でサトウキビを栽培する。一九九八年二月二十六日、ラオス北部のポンサーリー省にて。

この作業は複雑な農具を必要としない。現在、樹木を伐採するためにナタや斧《おの》、植えつけには掘《ほ》り棒《ぼう》、除草には鍬、収穫には鎌を用いるが、鉄が貴重品で入手しにくい時代においてはナタか斧さえ手にはいれば焼畑を営むことができた。雲南南部の焼畑地では牛による犁耕《りこう》を見かけることがあるが、これは本来の姿ではなく、犂《すき》は比較的最近導入された農具である。山住みの民は里住みの民ほど農具をたくさん所持していないのである。

食糧として多種の穀物やイモが栽培されている。現在、トウモロコシ、サツマイモやジャガイモなど新大陸起源の作物の植えつけが多くなっているが、タイ文化圏ではもともと雑穀の栽培が盛んであった。雑穀類としてはアワ、ヒエ、シコクビエ、ハトムギ、モロコシ、ジュズダマ、ソバ、陸稲があった。また、イモ類ではサトイモなどが栽培されていた。衣料作物としては綿花と麻が多く、商品作物としては山地の自然条件に適している茶、麻薬の原料であるケシや漢方薬の材料である黄連《おうれん》などが名高い。ケシは十九世紀から、山地の焼畑地で換金作物として栽培され始めた。交通の不便なこの地域では、高価なうえに軽くて運搬しやすい農産物はほかになかったため、山住みの民にとっては最近までケシが重要な収入源であった。

タイ文化圏において、焼畑の耕作システムは二つの顕著な特徴を有している。ひとつは水田耕作と比べれば、稲作にたいする依存度が低い点である。陸稲はもともと雑穀の一種としてほかの雑穀類と混作されていたが、その比重がしだいに増加するにつれて、ついに混作ではなく陸稲のみを栽培するようになった。しかし、陸稲は水稲のように単一作物として毎年繰り返し同じ耕地で栽培されることにはなら

図10　タイ・ルー族の生活には川が欠かせない　前列の女性は野菜を洗い、後列では体を洗ったり用を足したりしている。一九九九年十二月二日、ラオス北部のポンサーリー省にて。

図11　タイ・ルー族の丸木船　1999年12月２日、ラオス北部のポンサーリー省にて。

図12　タイ・ルー族の好物である川海苔（かわのり）1999年12月２日、ラオス北部のポンサーリー省にて。

なかった。焼畑地では初年に陸稲を植え、二、三年目に雑穀やトウモロコシに切り換えるといった具合に、陸稲は主作物の組合せのなかで重要な位置を占めたが、ほかの雑穀もつくられていた。

もうひとつの特徴は移動性である。伐り開いた焼畑地の地力が衰退したら耕地を移動するという耕作システムは、山住みの民の生活様式に大きな影響を与えている。まず移動する範囲は、生態環境や民族の風俗習慣(禁忌など)によって大きく異なっている。雲南の焼畑は三つの類型に分類できる。第一は範囲や地域が決まっておらず、ひたすら新しい肥沃な森林を追い求めて自由に移動を繰り返すタイプ、第二は特定の地域内で移動するタイプ、および第三は一カ所に定住して焼畑を営むタイプである。いずれにしても、焼畑耕作民には移動を便利にするいくつかの共通点がみられる。たとえば、短期間しか栽培をおこなわないので、耕地の造成には水田造成のように長い時間と多くの労力を投入する必要がない、また家屋の構造が簡単で、農具や家財道具も軽便な点などがあげられる。山住みの民のなかから強固な政治権力が生まれなかったのは、その生業と生活様式が移動を中心に形成されたからである。

水田耕作

焼畑の耕作システムとは反対に、水田耕作の最大の特徴は耕地の固定性にある。水利施設を利用することもあって、旱魃《かんばつ》など天候不順による凶作の被害を最小限におさえることができるので、安定して収穫できる可能性が一気に高まる。水田を造成したり、水利施設を整備したりして、この耕作システムは労働力投入量が非常に多く、戦争、自然災害など特別な理由がないかぎり、農民はいったん開発した水

図13　綿糸を紡ぐタイ・ルー族の女性　一九九九年十二月一日、ラオス北部のポンサーリー省にて。

図14　木材の運搬に象を使用する　一九九九年十二月二日、ラオス北部のポンサーリー省にて。

田を簡単には放棄しない。焼畑地とちがって、このシステムでは同じ一枚の水田から毎年米穀を収穫しうるので、何年かに一度、改めて新しい耕地を探す必要がない。長期にわたり安定的な米穀生産が可能になる点は水田を使用する最大のメリットであり、その利点があるゆえにたえず移動する必要がなく、農民が一カ所に定住する傾向が強まる。

水田耕作の作業手順は焼畑より複雑であり、手間もかかる。一カ所で恒常的な栽培を成り立たせるためには、まず水田の造成や水利施設の整備・維持に多くの労働力を投入する必要がある。そのようにして造成された水田での作業の手順はつぎのようである。

(1) 水田の準備。十九〜二十世紀では、犂で耕起したあと耙《まぐわ》をかけて水田を田植えできる状態にする手順が一般的であったが、ミャンマーのシャン州の一部の地域では犂のかわりに鍬で耕起し、土塊をくだいたり、ならしたりするには耙を使うところもあった。犂と耙は家畜が牽引するが、現在、雲南とタイ王国ではトラクターを使用するところが多くなっている。

(2) 移植。苗床《なえどこ》で一〜二カ月育成した苗を本田に移植する。すべて手作業である。

(3) 中耕《ちゅうこう》・除草。この作業には人力によるさまざまな補助農具を用いる。

(4) 収穫。焼畑と同様、穂積み具で穂を一本一本つみとっていく穂積み法が古くから用いられてきたが、現在では刈取りには鎌が主要な道具になっている。

この耕作システムが焼畑より手間のかかることは明らかであろう。とくに(1)と(2)の作業は焼畑にはない。また、水稲耕作をおこなうには、犂や耙などたくさんの農具が必要である。一般的に盆地の水稲耕作民は、農具だけではなく、道具の種類も多く所持している。たとえば、さまざまな漁具、油の圧搾器具、サトウキビを搾《しぼ》る道具、筏《いかだ》や船など持ち物がとても多い。これは盆地での生活が山地よりも豊かであることを物語っている。

タイ文化圏では太古の昔から、まったく同じ耕作システムで水稲を栽培してきたわけではない。水田を耕起する農具として、犂や耙の使用は十五世紀以降に徐々に普及していった。それまでは耕起は蹄耕《ていこう》と鍬耕《くわこう》でおこなわれていた。蹄耕とは、水田に牛や象を入れてその蹄《ひづめ》で泥土を攪拌して田ごしらえをする作業である。鍬耕とは人が鍬で耕起することをさす。のちに、家畜の牽引による犂や耙を用いるようになり、それらがしだいに蹄耕や鍬耕にとってかわった。この新しい農具の使用が、余剰穀物の増大をもたらし、盆地ではかつてより多くの人口を扶養することを可能にしたため、タイ族の政権は統治する人口をふやすことによって権力の基盤を強化していった。

タイ族の政権が盆地を統治単位としている点はすでに述べた。タイ系言語では統治概念がムン（mäng ムアンともいう）ということばで表現されている。ここでいう盆地はその河谷平野をさすだけではなく、盆地をめぐる山岳地帯をも含んでいる。シャン語ではこれをクムムン（khum mäng）といって、盆地の統治者は盆地とまわりの山地を管轄していた。タイ族の統治者は、焼畑耕作と水田耕作という異なる農業技術システムで生計を立てる民族を、ひとつの政治システムのなかで統治していた。つぎに紹介する王国はこのような盆地と山地からなる単位をひとつひとつ集合することによって成り立つ国である。

3―タイ文化圏の略史

タイ系民族が王国を築き上げた

十三世紀は一般に、東南アジア大陸部の歴史の大きな転換期とみなされている。北方ではモンゴル族の元朝が南進し、南方ではモン族やクメール族が営んでいたインド化された王国が衰退していくという政治環境を背景に、十三〜十四世紀にはタイ文化圏においてタイ族の王国が打ち立てられた。王国はいずれも、なんの前触れもなく突然歴史の大舞台に登場したため、この時期は上座仏教を信奉するタイ系民族が勃興した世紀とも呼ばれている。

このような王国の創設によって、タイ系民族の政治と文化が当該地域に君臨するようになった。十六世紀なかごろに新興のタウングー朝がタイ文化圏のほぼ全域を征服するまでは、これらの王国はおおむね外部勢力の干渉を受けず、自己の文化に華を咲かせていた。十三世紀から十六世紀なかごろまでの時期は、タイ系民族王国がおおいに繁栄したいわば黄金時代であると同時に、のちの王国の典型ともなった。

一体いくつの王国があらわれたのであろうか。タイ族の政権は、ムン(ムアン)と呼ばれる盆地を基礎単位とする特徴を有することはすでに述べたとおりだが、盆地は無数にあるのでおびただしい数の政権があったに違いない。しかし、実際には各地方で最有力の首長が盆地のリーダー(ツァオ・ムンないしチ

図15　タイ・ダウ族の葬式　親戚は死者にたいする敬意をあらわすため、一列にしゃがんで見送り、その上を棺桶がとおりすぎる。二〇〇〇年十一月十八日、雲南・芒市にて。

表2　13〜14世紀に新興したタイ族の王国

地方	王国名	中国名称	中心地
サルウィン河以西	ムンマオ	麓川平緬宣慰使司	雲南の瑞麗あたり
	モーガウン	孟養宣慰使司	ミャンマーのカチン州
	センウィー	木邦宣慰使司	ミャンマーのシャン州北部
サルウィン河以東	ラーンナー	八百大甸宣慰使司（八百媳婦）	タイ王国チェンマイを中心にする北部一帯
	チェントゥン	孟艮御夷府	ミャンマーのチェントゥン
	シプソンパンナー	車里宣慰使司	雲南の西双版納タイ族自治州の景洪（ツェンフン）
	ラーンサーン	老撾宣慰使司	ラオスのルアンパバーン

ャオ・ムアン）を連合し、国王（ツァオファー）として盆地連合に君臨するかたちになっていた。このように成立した大きな王国は七つぐらいあった。

これら王国の分布は、サルウィン河を境に異なる要素を呈している。タイ文化圏の歴史には河川が重要である。雲南に源を有するサルウィン河と東南アジアの大河メコン河、またミャンマーのイラワジ河が、それぞれタイ文化圏を貫流して大海に流れ込んでいる。一般にサルウィン河は、当該地域の文化の分水嶺とされており、この河川の西と東では、タイ族の言語と文化に多少の相違がみられる。概していえば、西のタイ族の言語、文字および上座仏教にはビルマ族からの影響が顕著である。このような違いは、十六世紀なかごろのタウングー朝による征服以降に強まるものである。

サルウィン河を境にして、十三〜十四世紀に新興してきた七つの王国を表2に掲げた。これらの王国はここに記した中心地よりも遥かに広大な領域を支配していた時期がある。このなかには、拡大縮小を繰り返しながら十九〜二十世紀まで存続した王

図16　タイ・ルー族の高床式住居　一九九九年十二月一日、ラオス北部のポンサーリー省にて。

図17　藍靛ヤオの土間式住居　一九九九年十二月七日、ラオス北部のルアンナムター省にて。

国も多かった。その再編される過程のなかで王国の名称が変更したり、王族の血筋が変わったりする場合もあるが、十六世紀から二十世紀のあいだに築き上げられた王国は、十三〜十四世紀に成立した王国の王統に自己を位置づけていた。たとえ、実際にはかつての王国とのつながりがなかったとしても、当初の王国、とくにムンマオ王国とラーンナー王国は、現在でもタイ族が誇りに思う古い王権である。その意味において、これらの王国はタイ族の伝統歴史意識のなかに大きな影響を残している。

この七つの王国は、大きくムンマオ王国とラーンナー王国という二つの強固な勢力圏に分けられる。ムンマオ王国は十三世紀初めのスアンカンファーという王の時代に強大化し、最盛期にはその勢力は雲南南部や下ビルマ、さらに西のアッサム地方にもおよんでいた。この王国は、十五世紀に中国の明朝に解体されるまで、サルウィン河以西での最強の王国であった。モーガウン王国、センウィー王国や、のち雲南南部に台頭した数多くの独立政権は、もともとムンマオ王国の属国であった。また、ラーンナー王国はその創設者のマンラーイ王(在位一二五九〜一三一七)が、一二八一年に、当時先進文化の中心とされたモン族勢力のハリプンチャイの中心(ランプーン)を征服してから大きく発展したとされる。マンラーイ王以降、ラーンナー王国は、チェントゥン王国、シプソンパンナー王国、およびラーンサーン王国と親族関係を結び、これらの諸王国はラーンナーから上座仏教を受容する。サルウィン河以東では、ラーンナー王国がこのようにして巨大な政治権力を発揮できるようになった。

上座仏教は南から二つのルートで別々にサルウィン河の東と西の王国に広まってきた。この河の西と東では受容される時代に大きな相違がみられる。上座仏教が最初に伝来してきたのは、サルウィン河以東のラーンナー王国であるが、そこで十四世紀に受容されたと考えられている。ラーンナー王国のグーナー王(在位一三五五〜八五)が仏教を導入・擁護し、その後チェンマイが仏教教学の中心地となり、ラーンナーで栄えた仏教がスアンドーク寺派とパーデーン寺派の僧侶の布教活動によって、北のタイ族の国々へと伝わった。十四世紀中葉から十五世紀にかけて、チェンマイからチェントゥンへ、十五世紀末から十六世紀にかけて、シプソンパンナー王国や雲南のタイ系民族のあいだに受容されたといった具合である。また、十六世紀においてラーンナー仏教がラーンサーン王国にも伝えられた。これはラーンサーン王国への仏教の二回目の伝来だと考えられる。第一回目はサームセーンタイ王(在位一三七三〜一四一六)が、父のファーグム王(在位一三五三〜七三)によって、アンコールから招来されたと伝えられるパバーン仏像を都の守護神とし、新寺院を建立したことに始まるという。

サルウィン河以西では上座仏教は東側より大幅に遅れたうえに、東側とはまったく異なるルートで広まってきた。一五六〇年代、タウングー朝のバインナウン王(在位一五五一〜八一)は、タイ(シャン)族を征服したのち、彼らをモン族とビルマ族の仏教の世界に組み込むための一連の措置をとった。バインナウン王はタイ族の地方で寺院と仏塔を建立し、さらに僧侶を派遣してビルマ式仏教を広める。サルウィン河以西のタイ族は、このようにしてビルマ式の仏教を受容した。

王国の運営にとって上座仏教の伝来は非常に大事なことであった。なぜなら、ダンマラージャ(dhammaraja 正法王)という統治概念が仏教とセットで受容されたからである。この概念の導入によって、国王は仏教を保護しなければならないだけではなく、仏法王として王国を統治する立場にもおかれた。これで国王は領地の民を統治するほかにも、サンガ(すべての出家者の総称)を統括する思想的な裏付けを獲得した。換言すれば、自己の統治を正当化する新しい論理をえたともいえる。しかし、十四世紀から十六世紀にかけて上座仏教が統治概念として受容されてからも、原初的な精霊信仰を排除したわけではなく、王権は仏教儀礼とともに、ムンの守護霊にたいする祭祀を主催しつづけた。各地のタイ族の王権は仏教と精霊信仰を併存させて最高権威を維持するように努めた。

盆地と山地を結ぶ交易と王国の形成

タイ族がこのように強力な王国を築き上げられたのは、優勢な軍事力を有していたことに起因することはいうまでもない。武力で盆地と山地という異なる生態区間で暮らす人々を統合したのちに、この人々が共生できる経済環境を提供することも、政権を安泰させるために必要な措置であった。二十世紀までは、交易が盆地と山地の住民を結び、生活を安定させる役割を担ってきた。

盆地の水田耕作は平常的な余剰を生み、王国の中心などで建設された城郭都市の維持も可能にしたが、山地の焼畑耕作は頻繁に移動生活を繰り返すため、そのような余剰を蓄積することはきわめてむずかしい。山地の生活を支えるために、物資が豊富な盆地と交易を営む必要があった。ここでいう交易は、たがいの産品を交換しあって生活の必需品を入手するということをさすのだが、その行為をおこなう場所は市場《いちば》であった。

市場は里の民と山住みの民の経済活動を結ぶ場所として機能していた。山住みの民は林産物、茶、漢

図18　タイ・ダウ族の寺院　タイ族は仏塔を多く建てる。二〇〇〇年十一月二十一日、雲南・芒市のジョンカム寺院(五雲寺)にて。

図20　タイ・ルー族のお堂(ウィハーン)　本尊となる仏像は安置されておらず、祭壇の下にすえられた石はデワラダーという神様を祀っている。1998年2月27日、ラオス北部のポンサーリー省にて。

図19　タイ・ルー族の寺院　左側がお堂(ウィハーン)で、右側は少年僧の宿坊。1998年2月27日、ラオス北部のポンサーリー省にて。

方薬の材料などを、里の民は塩、鉄、布、陶器などを持ちよりそれぞれ交換していた。そのなかには地元産のみならず、はるばる中国やビルマなど外部の世界から運ばれてきた商品もあった。中国商人は翡《ひ》翠《すい》・金・琥珀《こはく》などの宝石を主とするタイ文化圏の特産品を求めにきていた。タイ文化圏は交易ネットワークによって外部世界と連結しており、取り引きの手段としては物々《ぶつぶつ》交換が多かったが、その他に銀、貝貨などさまざまな貨幣も使用されていた。こうした交易システムによって、異なる農業技術を用いる里の民と山住みの民がたがいに不足する物資を相補っていたのである。

これまで王国は盆地の農業を基盤としていた点を強調して述べてきたが、交易も王国の経営にとって重要であったことも忘れてはならない。その地理的な位置からして、交易の恩恵を受けやすい王国もあった。たとえば、ムンマオ王国は領地内をとおる中国からビルマ・インドにいたる古来の交易ルートを管理することによって、政治・経済の基盤を補強したと考えられる。マンラーイ王はモン人の交易都市ハリプンチャイを征服した際に、ハリプンチャイがチャオプラヤー河水系と下ビルマに通じた交易ネットワークを入手することによって、ラーンナー王国をさらに発展させることに成功した。タイ系民族による王国の創設は、交易ルートの把握と密接な関係を有していたのである。

二十世紀前半のシプソンパンナー王国では、ムン統治者は商人に官職を与えて王の富をふやすために、自らの代理として彼らを用いて積極的に交易をおこなっていたが［加藤久美子 2001：397–399］、十三〜十六世紀のあいだには王国が具体的にどのようなかたちで交易に参与したかは必ずしも判明しているとはいえない。だが、当初から王国の各地で形成されていた多くの市場が、盆地、山地および外部世界を結

図21　少年僧　タイ・ルー族の少年僧は夕方寺院の前で楽器を奏でる。1998年2月27日、ラオス北部のポンサーリー省にて。

ぶ重要な役割をはたしていたことは間違いない。

　タイ系言語では市場はガート(kaat)というが、サルウィン河以西では少なくとも十三世紀末からガートが定期的に立っていた。李京の『雲南志略』(一三〇三～〇四年)には「交易は五日に一集《ひといち》あり、旦《あさ》すなわち婦人市《いち》をなし、日中《ひる》男子市をなし、氈布《もうせんのぬの》、塩、茶をもって相互に貿易す」とある。十九～二十世紀では、タイ文化圏の商人には一種のジェンダーによる役割分担がみられる。男性はまったくいないわけではないが、一般には市場に座って地元向けの品を売るのは女性が多く、遠隔地交易をおこなうのは主に男性の仕事であった。この事実から上記の史料をふたたび読めば、朝女性が地元顧客向けの市を、昼間男性が遠隔地交易の商人をそれぞれ相手に取引をしていたと解釈したくなる。この推測はさておき、いずれにしてもタイ族は王国を創設した時期にも、外部世界と交易をさかんに営んでいたことだけは確かである。

　ガートは統治者が居住する盆地に多く、城郭都市のなかなどの重要な市場を王国が管理していたことが、シャン文化圏で広くみられる現象である。十四世紀末のムンマオ王国の様子を伝える『百夷傳《ひゃくいでん》』に、「民は一甸《ムン》におおむね数十千戸あり、衆《おお》く貿易所を置く、これを街子《がいし》と謂《い》う」とあり、盆地に市場が設置されていたことを記している。

　タイ文化圏の盆地と山地が、十三世紀から市場で取引される数少ない商品をとおして外部世界とつながっていたことから、市場経済が深く浸透していたと考える方もいるかもしれない。しかし、じつはそうではなく、市場経済の影響は二十世紀までは非常に限られていた。売買に貨幣が使用されてはいても、里の民と山住みの民の生計は、主に自給自足の農業に依存するにとどまっていた。それもそのはずで、商品経済の成長は、外部の市場から遠く、交通手段が大量輸送に適さないなどの要因によって、著しく限定されていたのである。ここでは海域東南アジアのように船舶による商品の大量輸送はかなわず、交通の手段は陸路のキャラバン隊であった。馬や牛の背中に積載できる量の荷しか運搬できないため、主な商品は宝石、茶、阿片など商品価値が高い上に輸送しやすい特質を有する産品が主流を占めていた。このような制約からして、タイ文化圏は海域東南アジアと比較して少量の交易額しかなしとげられなかった。

外部勢力からの干渉

十三〜二十世紀のあいだ、北方からは中国歴代王朝が、南方からはビルマ族を中心とするビルマの歴代王朝、アユタヤ・バンコクを中心とするシャムの各王朝、およびヴェトナム歴代王朝が、それぞれ当該地域にたいしてしだいに干渉を強め、直接・間接統治を実施した。さらに、十九世紀後半以降、イギリスとフランスがそれぞれビルマ、ラオス、ヴェトナムを植民地化した過程や、また各国が独立したのちに展開された近代国家形成の過程のなかでも、タイ系民族の王国は廃止され、その言語と文化は次第に各国に統合されてしまった。

長期にわたり、王国にたいしてもっとも干渉を加えた国家は、中国とビルマ（ミャンマー）である。中国は十三世紀の元朝から、ビルマは十六世紀なかごろからそれぞれ干渉活動を開始していた。中国王朝もビルマ王朝も、タイ系民族の王国を属国として朝貢関係を強要したが、例外を除けば、干渉の度合はいずれも間接統治を実施する段階にとどまっていた。その主たる目的は、十九世紀末以降のタイ王国、中国およびビルマのように、王国を廃止することによって、かつての領民を自己の国民につくりかえるという同化政策を展開するにあるのではなかった。

中国王朝は古代から周辺の異民族の扱いに頭をなやましていた。異民族は中国とは異質な独自な権力構造をもつ社会で暮らし、中国の王朝に帰服した場合でも中国の漢族とは異なった言語・文化を有しているため、中国内地と同様に直接統治をおこなうことはままならなかった。しかし、ぜがひでもなんらかのかたちで彼らをコントロールしようとした歴代王朝は、異民族の風俗習慣を容認し、その有力者の自治権を承認したやり方での間接統治を実施した。中国が十三世紀の元朝から一九五〇年代まで実施したこのような間接統治システムは土司《どし》制度と呼ばれた。

土司制度とはつぎのような仕組みである。中国王朝が異民族の首長に中国式の姓名と官職（官印も）を授与し、その領地内の統治権を認可し、その世襲権も交代があるたびごとに中国王朝がそれを更新する。こうして任命された首長は中国王朝にたいして朝貢および税を納入する義務を負い、さらに中国防衛の任務も課せられ、有事の際には出兵しなければならなかった。上記の七つの王国はすべて十三〜十五世紀において中国王朝の間接統治システムに組み込まれており、明代にはつぎのような官職名を受けていた。ムンマオ王国は麓川平緬《ろくせんへいめん》宣慰使司《せんいしし》、モーガウン王国は孟養《もうよう》宣慰使司、センウィー王国は木邦《ぼくほう》宣慰使司、ラーンナー王国は八百大甸《はっぴゃくだいでん》（八百媳婦《はっぴゃくそくふ》）宣慰使司、チェントゥン王国は孟艮御夷府《もうこんぎょいふ》、シプソンパ

図22　中国式建築の南甸宣撫司署　一九九六年十一月二十一日、雲南・梁河県にて。

図23　ヨンホイ宮殿　インレー湖周辺を統治したシャン族のツァオパー(ツァオファー)が君臨した。一九九八年一月二十日、ミャンマー・シャン州にて。

図24　ヨンホイ宮殿の玉座　一九九八年一月二十日、ミャンマー・シャン州にて。

ンナー王国は車里《しゃり》宣慰使司、およびラーンサーン王国は老撾《ラオス》宣慰使司であった。

しかし、土司制度に組み込まれることは、究極のところタイ族の王国が中国王朝によって内部干渉を受けることと同義であった。中国王朝に従順でなければ、討伐の対象となるのである。十三〜十四世紀に雲南で領地を拡張したムンマオ王国は、十五世紀には明朝と三回にわたり戦争をしたが、明軍に勝てず解体させられた。中国史料でその討伐の意味を強調するために「三征麓川《さんせいろくせん》」と表現するこの軍事行動によって、かつてムンマオ王国の勢力圏にあった各地のタイ族が独立した政権を建てた。

十六世紀なかごろ、タイ文化圏のほぼ全域を制覇したビルマ人の新興勢力、タウングー朝は、タイ族の王国を土侯国《どこう》とした。バインナウン王(在位一五五一〜八一)は一五五五年にはモーニンを、一五六二年にはモーガウン王国をそれぞれ支配下におき、サルウィン河の西側で諸王国を併合したのち、東側に渡りタイ族の王国をつぎつぎと攻め落とした。一五五八年ラーンナー王国を、六三年シプソンパンナー王国を、六七年ラーンサーン王国を征服するというはやさであった。タイ族の国王はビルマ王に従属を認知されるとソーブファー(ツァオファーのビルマ語の発音)と呼ばれた。土侯国の首長としてソーブファーはビルマ王朝に貢納し、有事の際には出兵し、都に王族を人質として送るなどの義務を負わされていた。

サルウィン河の東側では、十八世紀末から、それまで巨大な勢力をふるっていたビルマの影響力が弱まってきた。シプソンパンナー王国は、中国とビルマの双方に貢納していたが、一七二〇年代から中国がその干渉を強めていった。また、十八世紀初めから、ラーンナーの領地を支配してきたビルマは、ラーンナー地域を南北に分割し、北部を直轄化した。ビルマは根拠地を北部のチェンセーンにおいていたが、十八世紀末ラーンナー地域のなかからカーヴィラ朝が成立してビルマ勢力を駆逐する。

十九世紀において、英仏列強が東南アジアの植民地化を開始すると、タイ族の王国はその影響を受けた。一八九五年にルアンパバーン王国はフランスと協定を結び、事実上消滅していった。英仏の植民地化に対抗して近代国家をつくりあげようとしたラタナコーシン王朝のシャム（現在、タイ王国）は、十九世紀末にカーヴィラ朝を併合した。サルウィン河の西側において、一八八五年第三次英緬戦争でコンバウン朝を滅ぼした英国は、八六年三月ビルマ全土を英領インド帝国の一州としたが、タイ系民族（シャン）の国王は英国の国家主権を認め、ひきつづき王国内の行政権を保持する。一九四八年一月四日に共和制の連邦国家として成立したビルマ連邦のなかに、旧王国の領地を管轄するシャン州政府が設置され、六二年三月二日にビルマ国軍によるクーデタで、ネィ・ウィン大将を議長とする革命評議会が発足してから現在にいたるまで、シャン州のビルマ化がいちだんと進行している。一九五〇年代、成立したばかりの中華人民共和国政府は、雲南に残存していたタイ族王国を廃止・統合した。十三世紀以来、タイ文化圏の中核をなしてきたタイ族王国は二十世紀なかばにいたってこのように消滅してしまった。

4―文字と史籍

文字を用いる長い伝統

タイ文化圏各地ではタイ系言語の文字が古くから使用されている。タイ族はこれらの文字で、仏典を筆写したり、年代記、詩、行政文書などを書いたりしていた。文字のない社会の歴史を知ろうと思えば、われわれはしばしば外部の人々によって記された記録を参照しなければならない。だが、外部の人々はしょせんその立場が内部の人とは異なるうえに、外部の人ゆえに必ずしもその社会の内情を深く理解しているとはいえず、偏見に満ちた一面的な見方を伝えているにすぎない場合が少なくない。文字を有するタイ族は、自己の歴史を書き残すことができたので、われわれはより公平な目で彼らの歴史と文化をみつめることが可能である。

タイ諸語のなかにはかなりの差異があるが、当該地域で話されている言語は相互に理解できる。この言語の差異を反映するかのように、各地方でローカルなタイ語を表記する文字が使用されている。タイ文字はいつごろ考案され、またどのような経緯で現在のように多数のローカルな文字になったのであろうか。

サルウィン河の東側と西側では、タイ文字が大きく異なっている。東側ではタム文字、西側ではシャン(タイ)文字がそれぞれ主流であったが、その説明にはいる前に、まずすべてのタイ文字の表記システムにみえる共通点をはっきりさせておきたい。

その起源において、タイ系文字はインド系の表音文字に由来する。インド系の表音文字は、ひとつの字形がひとつの音に対応するローマ字などの単音文字と異なり、文字の構造上ひとつの単位がひとつの音節に対応している。タイ系言語の文字は一種類ではなく、各地で多様な字形が利用されているが、いずれも共通する表記法を使用している。つまり、「子音字」と「母音符合」および「声調記号」の三種類の文字を組み合わせて音節を表記している。

サルウィン河以東の各地で広く使用されていた文字はタム文字と呼ばれている。タムはパーリ語で仏法(dhamma)を意味することからうかがえるように、これはもともと仏典の書写に用いられた宗教文字である。古モン文字から応用・発達したと考えられるタム文字は、タイ王国北部のラーンナー王国地域からタイ東北部をへてラオスのラーンサーン(ルアンパバーン)王国などの地域に伝播していった。タイ王国ではタム文字はユアン文字やラーンナー文字とも呼ばれている。さらに、同一のタム文字はチェントゥン王国へ伝わってタイ・クーン文字となり、雲南のシプソンパンナー王国で採用されるとタイ・ルー文字となった。各地で名称が異なり、字形に多少の個性がみえても、文字システムは同一であり、どこでもヤシ科の木の葉(貝葉文書《ばいよう》)や紙を書写材料としていたことが多かった。このようなタム文字は最初はパーリ語の仏典の筆写に利用されたが、のちにそれ以外の世俗的な記録などにも広く用いられるようになった。

タム文字はいつごろから使用され始めたのであろう。広義でいう、タイ族最古の文字は十三世紀末に製作されたとされるラームカムヘーン王刻文(ラームカムヘーン王碑文ともいう)にさかのぼり、ラーンナー地域でもこの系統の文字が使用されていた。タム文字はそれに遅れて十五世紀から出現する。十五世紀に書写されたタム文字の最古の貝葉文書は残存しているし、ラーンナー地域で現存する最古の刻文にもタム文字が使用されている。後者は一四六五年にチェンマイ市チェンマン寺所蔵の青銅仏像の台座に刻まれた刻文である。タム文字は十五世紀以降、上座仏教とともに、上記の各地に広まっていったと考えられる。

サルウィン河以西のタイ文字はビルマ文字を借用している。主な文字として、シャン州のシャン(タイ)文字、雲南の徳宏《とくこう》州と臨滄《りんそう》地区などのタイ・ヌア文字があるが、若干の例外を除けば、これらの字形はいずれもビルマ文字とほとんど変わらない。ビルマ文字からの借用という見方は、字形からだけではなく、母音が完全に表記されておらず、また声調が基本的に表記されていないという二点からも裏付けられている。声調記号の欠如と母音符合の不備が文字を読みにくくしていたが、二十世紀なかごろシャン州と雲南でこれらの欠点を是正した新しい文字が考案されている。サルウィン河以西の文字がいつ使用され始めたかについては、残存する史料がきわめて少ないためまだ不明だが、言語学者は十五世紀以降のことだと推定している[新谷 2000:4–6]。

ビルマ文字を借用したのはタイ族だけではなく、十九世紀以降、タイ文化圏のカレン族もおこなっている。キリスト教スゴー・カレン文字は、一八三〇年代アメリカ人のキリスト教宣教師がビルマ文字を基にしてつくったものである。また、仏教スゴー・カレン文字は、比較的最近にカレンの僧侶がビルマ文字に基づいて作成したとされている[加藤昌彦 1998:82–85]。

王統史を伝える年代記

各地の王国の歴史を知ろうと思えば、タイ族自身の手による文献が大事な史料になることはいうまでもない。だが、この文献の種類が多くその内容も多岐にわたっているため、すべてが必ずしも通常の

ᩆᩥᨷ᩠ᨷᩤᨶᨶᩣᨲᩱ᩠ᨿ᩼ᩃᩪ᩼ᨾᩯ᩵ᨷᩢ᩠ᨶᩅᩫ᩵ᨿ

シプソンパンナータイ・ルー文字

ᨻᩮᨶᨶᩮᨾᩮᩕᨠᩣ

クーン文字

ၽိုၼ်ႇ

旧シャン文字

လွင်ႈပိုၼ်းတူဝ်ဝၢၼ်ႇ

新シャン文字

図25　各地のタイ族が使用する文字

183　東南アジアと東アジアの境界

「歴史」という範疇《はんちゅう》に合致するとは限らない。たとえば、サルウィン河以東でよく書きつづられた「タムナーン」と呼ばれる形式のテキスト群は、国造りの歴史だけではなく、人物伝や仏教または寺院仏閣の由来縁起をも手広く扱っており、われわれが慣れ親しんでいる歴史の書き方とは異質な感じがする。それでも、この文献は王国にかんする歴史情報を記録すると同時に、その記述の表現からタイ族が自己の歴史をどのように理解しているのかがわかり、大変貴重である。

研究者は歴史ジャンルの文献を十把《じっぱ》ひとからげで年代記と呼んでいる。文献の表題には、広義でいう「歴史」を意味するさまざまな名称が含まれている。一二の名称を表3に掲げたが、その使用には地方の差異がみられる。たとえば、⑽と⑾はビルマの影響を顕著に受けておもにサルウィン河以西で用いられているが、⑴⑵はサルウィン河以東で広く使用され、⑶⑷は全域に分布している。

これらの名称は、タイ族がどのような意識で自己の歴史を書き記したかということをわれわれに教えてくれる。意味からしてこれらの名称は、ⓐ物語や物事の起源を話すこと、と、ⓑ王の世系の歴史、とに大きく分けられる。年代記は、統治者の家系を神話の時代から説き起こして、代々の統治者の名前を時代順にならべて、その治世の出来事や統治者の業績を記述する内容を有する場合が少なくない。厳しい階層社会のタイ族にとっては、統治者の出自をはっきりさせておくことがとても重要であり、端的にいえば王家の系譜につながらない者は王にはなれない。そのため年代記では、王の世系、つまり王統ⓑを、その起源ⓐから物語ることがなによりも大切となっている。

年代記はきわめて政治的な意味合いをもって編纂された史料である。ひもといてみると、編者はさま

表3　タイ文字の年代記類の名称

名　称	意　味
(1) タムナーン（tamnan）	物語を意味する。クメール語から変化した単語か
(2) ニターン（nithan）	物語・説話を意味するパーリ語起源の単語
(3) ブーン（pün）	起源をあらわす
(4) ブーンムン（pün mäng）	ムンの歴史
(5) スークブーン（sük pün）	初めから終わりまでを記載する
(6) ブムジャム（pum cam）	故　事
(7) ケアムン（khä mäng）	ムンの歴史（直訳すればムンのつる）
(8) ケアゴン（khä kön）	過去の歴史（直訳すれば過去のつる）
(9) ブデン（pu tün）	〔統治者〕氏族の世系
(10) ヤーザウィン（yazawin）	ビルマ王朝の王朝年代記の総称。ヤーザはパーリ語のラージャ（raja）、ウィンはバンサ（vamsa）に由来し、王統史を意味する
(11) サーメーン（sa mëng）	業績、歴史。寺院、神や古代王の歴史を意味するビルマ語からの借用語
(12) ラザワーン（ra ca waang）	文官の歴史

ざまなデータを集めて、ある王統の系譜の正当性を主張する場合が多い。すなわち、編者ははっきりした政治意図をもって、王の血統のみならず、王の業績を記録し、そのうえで、各王の政治手腕についても批評を加えているのである。そういう意味では、年代記はしばしば書写された時代の歴史観を反映しているといえよう。

著者ではなく編者といったのは、そもそもの執筆者を特定しえない年代記類が多いからである。タムナーン、ニターンやブーンなどのいずれにも長短には大きな差異があり、数頁の短編から数百頁の長編まで残存している。誰が最初に執筆したのか、また書写するときに誰がどのようにもとの文章に手を入れたのかわからないのが普通である。著者の名前と時代がわかった場合でも、当時、残存していた史料を恣意《しい》的に取捨選択したとみたほうが間違いなさそうである。たとえば、現在、われわれが史料として利用するチェンマイ年代記やセンウィー年代記といった重要な年代記は、いずれも十九世紀に成立したテキストであり、ともに同時代の影響を強く受けており、それ以前の歴史についても十九世紀の立場から編纂・執筆されたテキストだとみるべきである。タイ族はその時代ごとに、政治状況の変化に応じて歴史の解釈を変えていったのである。

歴史のキーワードは共生と融合

タイ族の王国が近隣諸国に統合されてから、タイ系言語とそのローカルな文字が消滅の危機に瀕している。現在、学校教育を通じて各国の国語がそれぞれ普及してきており、雲南では中国語、ミャンマーのシャン州ではビルマ語が、タイ王国ではシャム語が共通語として使用されている。タイ系言語は今はまだ広く話されているが、ローカルな文字を知る人は著しく減少してきている。たとえば、サルウィン河以西では旧シャン(タイ)文字を自在に読み書きできる人はとくに少なくなってしまった。

しかし、タイ族が打ち立てた王国が終焉をむかえたからといって、タイ文化圏がそれで消えたわけではない。雲南南部、ミャンマーのシャン州やタイ王国北部では、かつての王国を中心に築き上げた複雑な歴史意識が残存しており、シャン州のように民族のあいだの共生関係が旧来のままにとどまっているところもある。

キーワードは民族の共生である。タイ文化圏の歴史の特徴はその民族間の関係にある。紛争や戦争は数えきれないほど起こったが、それらは昨今、世界各地で勃発している民族と民族の対立に起因する性質のようなものではなく、王国と王国のあいだの政治・経済の確執や、外部勢力の侵入が主要な原因であった。王国にとっては、里の民か山住みの民かという生態空間に基づく分類は政権運営上非常に重要であり、統治システムではそれぞれの生産力の差異を考慮して別々に扱う必要があった。しかし、統治者にとっては、それはわれわれが考えがちな異民族統治というものではなかった。なぜなら、領地内の民はどの民族であっても、統治者に主従関係を結んでいたからである。政治を動かす動機として、民族の絆よりも、主従関係が重要であった。総じていえば、タイ族の政治システムは民族の対立をかき立てるものではなく、里の民も山住みの民も、共生できる環境を維持することに務めた。対立よりも、多民族の存在を認めて共生していく姿勢が重んじられたのである。

タイ文化圏という概念は、この地域の歴史と文化を理解するうえでまだ有効である。二十世紀の国民統合のなかで、近代国家の形成に貢献度が少ないということを理由に、タイ文化圏を構成する要素が等閑視されてきた。この傾向が進行すれば、タイ族だけではなく、モン・クメール、チベット・ビルマやカレン語系民族の歴史と文化ももみ消されることになる。幸いにして、新しいタイ史像を追い求める知的活動のなかから、この偏見を是正する動きがかなり前から起こってきた。従来、タイ王国の歴史はスコータイに始まり、アユタヤ、トンブリーをへてバンコクにいたるというシャムを中心とした流れで理解されていたが、現在はタイ王国の形成にラーンナー王国の歴史も不可欠だと主張する学者が多くなった。さらに、ラーンナー王国の形成には、タイ族だけではなく、モン・クメール系の先住民も参与していると論じる人さえあらわれてきている。
もうひとつのキーワードは融合である。タイ族の起源について定説はない。しかし、タイ文化圏の歴史からみれば、タイ族は十三〜十四世紀以降、上座仏教を受容して他民族の文化要素を受け入れながら、新しい精神と物質文化を築き上げたことは確かである。この新しい文化は、かつてのタイ族のみならず、先住民である先進的なモン人やワ族(ラワ)などのモン・クメール系民族にも受容されることによって、新しいタイ族が誕生したと推測される[飯島 2001:277-279]。この新タイ族は先住民との融合と共生により歴史の大舞台に登場してきた。あとの歴史からみて、この新しい文化が性にあわず、盆地を避けて山地に居住し従来の生活を営んだ先住民を、新タイ族は王国の統治システムのなかに取り込んで共生をはかった。つまり新タイ族は盆地に残留した先住民との融合で王国の基盤を強固にしたと考えられる。

参考文献

新谷忠彦編『黄金の四角地帯——シャン文化圏の歴史・言語・民族』慶友社　一九九八年
新谷忠彦『シャン(Tay)語音韻論と文字法』アジア・アフリカ言語文化研究所　二〇〇〇年
新谷忠彦「センウィー・クロニクルに見られる『タイ国』像(I)——王の資格をめぐって」(『アジア・アフリカ言語文化研究』六六号、二〇〇三年九月)二七五〜二九八頁
クリスチャン・ダニエルス「タイ系民族の王国形成と物質文化——十三〜十六世紀を中心にして」(新谷忠彦編『黄金の四角地帯——シャン文化圏の歴史・言語・民族』慶友社　一九九八年)一五二〜二一七頁

クリスチャン・ダニエルス「西南中国・シャン文化圏における非漢族の自律的政権――シプソンパンナー王国の改土帰流を実例に」『アジア・アフリカ文化研究所研究年報』二〇〇〇年三月、第三四号、五六号〜七〇頁
クリスチャン・ダニエルス「雍正七年清朝によるシプソンパンナー王国の直轄地化について――タイ系民族王国を揺るがす山地民に関する一考察」『東洋史研究』第六十二巻第四号、二〇〇四年三月、九四〜一二八頁
飯島明子「ラーンナーの歴史と文献に関するノート――チェンマイの誕生をめぐって」（新谷忠彦編『黄金の四角地帯――シャン文化圏の歴史・言語・民族』慶友社　一九九八年）一〇四〜一四六頁
飯島明子「北方タイ人諸王国」（石井米雄・桜井由躬雄編『新版世界各国史5　東南アジア史Ⅰ　大陸部』山川出版社　一九九九年）一三三〜一五六頁
飯島明子「「タイ人の世紀」再考――初期ラーンナー史上の諸問題」（石澤良昭編『岩波講座東南アジア史第二巻　東南アジア古代国家の成立と展開』岩波書店　二〇〇一年）二五七〜二八六頁
加藤久美子『盆地世界の国家論――雲南、シプソンパンナーのタイ族史』京都大学学術出版会　二〇〇〇年
加藤久美子「シプソンパンナー、ムン権力の交易への関わり――「御用商人」ナーイホイをめぐって」（『名古屋大学東洋史研究報告』第二五号　二〇〇一年三月）三八八〜四〇三頁
加藤昌彦「カレン諸語」（新谷忠彦編『黄金の四角地帯――シャン文化圏の歴史・言語・民族』慶友社　一九九八年）六二〜七〇頁
加藤昌彦「カレン系言語の文字」（新谷忠彦編『黄金の四角地帯――シャン文化圏の歴史・言語・民族』慶友社　一九九八年）八二〜八五頁
尹紹亭（白坂蕃・林紅訳）『雲南の焼畑――人類生態学的研究』農林統計協会　二〇〇〇年

終章　毛里和子

辺境学からみた地域・民族・国家

1 —— 地域研究とオウエン・ラティモア

地域とは、地域研究とは

地域とはなにか、地域研究とはなにか。この問いは多くの研究者をなやませてきたが、当然のことだが答えはひとつではない。無数の定義や説明があるだろう。

一般に地域研究では、地域には、国家を超えた領域、国家をまたぐ領域、国家そのもの、国家のなかの領域すべてが含まれる。だが、地域に固有の意味をみいだす立場もある。文化人類学者の高谷好一は、「地域とはそれ自体が存在意義をもっているような地理的範囲である。あるいは、その域内では住民が世界観を共有するような範囲」だと定義する。彼は、国家が頼りにならないから、国家枠に替わる集団の単位そのものから考えなければならないと考え、また、西欧という価値体系だけではなく、個別的な価値体系をもっている個別の地理的範囲（地域）を見つけ出し、その存在を認めることに社会科学的意味を見つけようとしている［高谷 1993］。

しかし、いわゆる「東南アジア」に住む人々は高谷がいうように「世界観を共有している」だろうか。東南アジアが宗教も言語も価値観も多様な地域であることを否定する人はいまい。また、「東南アジア」という概念自体、第二次世界大戦中に米国の戦争戦略の必要からつくられたもので、じつは実体のともなわない地域ではないのだろうか、との疑問もでてこよう。

そこで、地域を実在概念ではなく操作概念として用いる考えがでてくる。山影進によれば、「地域とは個と世界を結びつける媒体である。地域は、まず自分自身と世界を関係づけるとともに、その反射作用として、他者を世界と関係づけ、世界の中に自分と他者を定位する」、「柔らかい空間、関係における空間」である。山影は、属性とか類似による地域概念は「塗り絵の手法」であり、類似性とか差違とかではなく、関係性として「地域」を認識することを提唱する。となれば、「地域は作られる」のであり、「地域は伸び縮みする」のである［山影 1994］。東南アジアは他者（非東南アジア）との関係を通じて共有する価値と利益をつくりだすことで「地域」としてつくられ成熟してきた、という山影の指摘は「地域」の本質をついていよう。

では「地域研究」はどうだろうか。これにもさまざまな定義、立場がある。「ある地域の全体像、もしくは個別的局面を対象に、フィールド調査を軸とする実証主義的手法により解明を試みる学術的研究」であり、「地域研究は、まず基本的には文明と固有の文化との交錯のあるべき姿、あるいはまた、人間と自然との望ましい共生を論理的に求める思弁的な学問領域」だとするのは矢野暢である〔矢野 1993〕。このような立場は、政治学や国際政治学を専門にする者にとっては共鳴できるものである。だが矢野は、地域研究に固有の方法や手法があるのかという問いには答えていない。そこで地域研究固有の方法があるべきだとして、「世界単位」概念で地域研究を精緻化しようとするのが高谷好一などの文化人類学からの発言である。

地域研究には地域学という「魔法の杖」や「万能薬」はない、政治学や経済学、社会学など複数のディシプリンの出会いの場、ディシプリンを豊かにする貴重な場だ、と考えている筆者は、地域研究を「国家を超える地域の諸事象のトータルな把握を試みるアプローチ、他者の視点から自分を見つめなおす営為、学際的行為」ととりあえず定義している。では、なぜ「地域」であり、「学際性」なのか。

第一に、国家(非西欧世界においては、近代国家の領域は往々にして植民地主義によって人為的に設定された)、諸国家によるシステムという既成の枠組みを超える概念としての地域を設定することで、国家を超える事象や課題を把握できる。いわば、国家の相対化ができるからである。

第二に、地域研究がそもそも、人々が、近代西欧の生み出したさまざまな社会科学のディシプリン――政治学、経済学、社会学、文化人類学、国際政治学などが世界の諸事象を分析する際にもっている限界性に直面し、それへの挑戦から生まれたか、少なくとも近代諸科学にあらたな問題提起をしているからである。

要するに、地域研究の立場を採用することで、国境を越えた視点をもち、それによって、われわれの観念を呪縛している「国家」という怪物から自由になれるかもしれない、また、近代西欧社会が生み出した諸科学を相対化し、そこにはいりきらない人々の行為や価値にふれることで既存の社会科学を豊かにすることができるかもしれない、という期待をもって地域にアプローチしているのである［毛里 1996, 2001①］。

ラティモアの「辺境学」

中国政治や外交、そして東アジアの国際関係を研究する者にとって、ラティモア（Owen Lattimore）の研究、もっといえばラティモアの対象へのアプローチの仕方は半世紀たった今もなお魅力的である。彼はなによりも「歩く歴史家」だった。自分が見たものしか信じない、という信念があったのかもしれない。モンゴル地域、新疆トルキスタン地域などを歩き回り、その地の文化、人々をそのものとして見つめてきたラティモアの学問的な営為は、まさに「地域研究」と呼ぶにふさわしいし、一種の「辺境学」をつくりあげたといっても過言ではない（ラティモアの辺境学については［毛里 1979］参照）。

一九三八年に三十八歳で母国のジョンズ・ホプキンズ大学にむかえられるまで、ラティモアは二八年間を中国とその周辺ですごしている。幼少期の父親との北京生活、ビジネスマン、あるいは旅行者、研究者としての中国およびその辺境での生活を通じて、彼は自らの中国観、辺境観を内奥に蓄積していった。ラティモアを辺境研究に導いたのは、一二四年に軍閥争乱中の内モンゴルの帰化（フフホト）をおとずれた商用の旅だった。商社をやめた彼は、二六年からタクラマカン砂漠、天山山脈を越えてカシュミールにいたるラクダの旅などを始めた。帰化から迪化(ウルムチ)へのいわゆる蒙疆路の旅を綴ったのが処女作 *The Desert Road to Turkestan*, 1928(邦訳『砂漠の蒙疆路』、新訳『西域への砂漠の道』)である。

一九二八年にいったん帰国した彼は、ハーバード大学で人類学や地理学の訓練を積み、二九～三〇年にかけて、漢人の植民を研究するため満洲(中国東北部)を調査したが、その成果が *Manchuria: Cradle of Conflict*, 1932 や *Geographical Review*, XXII, No. 2, 1932 に載った"Chinese Colonization in Manchuria", 1932 などである。その後は内モンゴル地域の踏査に没頭している。

一九三四年からは太平洋問題調査会(Institute of Pacific Relations: IPR)の *Pacific Affairs* の編集者として激動するアジアの政治世界にかかわるようになるが、四〇年には、内陸アジア現地調査の成果を *Inner Asian Frontiers in China* としてまとめている。

ラティモアは、ハーバード大学出身で、漢籍文献に精通したジョン・K・フェアバンクとは対照的に在野の研究者でありつづけたが、IPR時代の活動や第二次世界大戦終了後の国際政治と米国の対アジア政策にかんする積極的活動が、一九五〇年に始まるマッカーシズムの格好の標的になってしまった。五三年にはジョンズ・ホプキンズ大学の教職を追われ、研究執筆活動もできず、ついに五〇年代末には母国米国を去らざるをえなくなった。

ラティモアの「辺境学」は苦難の一九五〇年代後半から六〇年代初めにかけて集大成された。著作集である *Studies in Frontier History, Collected Papers, 1928–1958*, 1962, および *The Making of Modern*

China. A Short History, 1945（邦訳『中国――民族と土地と歴史』）などから、彼の「辺境学」に迫ってみよう。

オーソドックスに権力や儒学、官僚制などから『中国』を書き上げたフェアバンクとちがって、ラティモアが中国にアプローチするときの特徴は、ひとつは地主と農民の関係、対立、抗争を軸に時代の変化を考え、もうひとつは中国の中心と辺境の関係で歴史の変転をとらえる点である。彼はいう、「中国の歴史を解くおや鍵の一つは、中国の偏遠地方の「夷狄」との間の勢力均衡を理解することである」と。つまり、中国を時系列的には地主＝農民の対抗関係で、空間的には文化的勢力圏の考えに立って、政治的・文化的中華思想の対外拡張のプロセスとしてとらえようとしたのである。

一〇年間の調査に基づく辺境研究の成果のひとつが彼の「辺境貯水池」論である。中国長城内の集約的な漢人農業社会とステップの拡散的遊牧社会とのあいだにあるものを「辺境貯水池」とみなし、そこが狩猟、遊牧、農業の三つの様式が交流する場であり、漢人の膨張と遊牧民の征服という中国史の循環プロセスはこの貯水池住民の動向いかんによっていたという（"Origins of the Great Wall of China", "The Geographical Factor in Mongol History", いずれも邦訳『農業支那と遊牧民族』所収）。

もうひとつは彼の代表作 *Inner Asian Frontiers in China*, 1940 に示される。ここでは、中国の拡張をつぎの三つのタイプに分け、歴史の各時期における辺境の態様から中国史の展開を跡づけている。第一が長城以北型でここでは漢による limited expansion が、第二が南方型で漢による non-limited expansion が、第三が西方型で漢による penetration がおこなわれてきた、という。そして、中国社会の変容は、北および西方型の住民non Chinese、南方型の住民not-yet Chineseとのあいだの接触、変容、対抗の関係に映し出されると考える。

以上に明らかなように、はじめ彼は、ロシア帝国と中華帝国に挟まれ併合や浸透にさらされつづけてきたトルキスタンやモンゴルなどの「内陸アジア」を、もっぱら中華の文明が外に向かって光を放射する地域、中国とロシアによる「侵入と圧力」の面から見ていた。だが一九五〇年代以降になると、もっとバランスがとれた見方、つまり「歴史と連帯の相互作用の型を示す一例」として考えるようになった（ラティモア「私の中国研究の歩み――『辺境史研究』への序」『みすず』一九六六年九月号、十月号）。

晩年の彼は、歴史および国際関係における辺境（frontier）の意味について、*The Frontiers in History,* 1955でつぎのような興味ある仮説を提起している。

まず、彼によれば「辺境はつくられる」。ラティモアはつぎのようにいう。「辺境はある共同体が領域を占領したときに生まれる。以後辺境は、共同体の活動や成長、あるいは他の共同体からのインパクトによって変えられ、形づくられていく……」。

第二に、中国を例示に、辺境には二つのタイプがあると考える。第一が中国の南方にみられる、同種の二つの共同体のあいだの辺境で、動的・包含的辺境、もうひとつが、中国とモンゴル、中国とインドなど異種の共同体間にある静止的・排他的辺境である。

第三に、辺境住民がもつ両義的な「政治的忠誠心」という仮説である。彼らの忠誠心は自己の経済的利益を契機とはしているが、辺境住民のあいだには「支配者一般」にたいする「われわれ意識」が歴史的につくられ、「機構的には定義されないにしても、機能的には認められる共同体(joint community)」があるという。この点は国境を越えたエスニックな紛争が頻発している今日、きわめて示唆に富む視点である。

第四が、工業化やコミュニケーションの発達が辺境の質的な変化を生み出すという試論である。彼は、ある共同体の変化を軍事的統合、行政的統合から経済統合に向かうプロセスとして考えるが、工業化とコミュニケーションの発達が経済的統合を生み、さらには中国とモンゴルのような異質な二つの社会の統合を生み出すと考える。こうして両者は、「拡大され統合された共同体において相互交換的な構成物として包摂される」と展望する。これもまた、経済統合論につながる議論として注目される。

工業化が異種の社会の統合をもたらすという指摘の甘さに代表されるように、今からみれば、ラティモアの「辺境論」にはさまざまな欠陥もあるだろう。だが、以上のような彼の仮説や試論は今もなお新しく魅力的である。接触と抗争によってつくられ、変化していく辺境、工業化が旧辺境を壊していくという指摘、辺境の民がもつ両義的な「われわれ意識」など、彼は示唆に富む多くの視点をわれわれに残してくれた。

2 — 中国辺境学の魅力

国境を越えて

地域は国家との関係において成立し、存在し、変化する。「境界」があってはじめて地域も国家も成立する。では「境界」とはなんだろう。なにがA地域とB地域とを分け、C国とD国とを分けるのだろうか。境界はある時は線であり、ある時は面、ある時は空間である。

境界には、地理的なもの、政治的なもの、経済的なもの、さまざまな文化的なものなどが考えられる。なにを境界と考えるかで、地理学的、政治学的、経済学的、文化人類学や民族学、言語学などのアプローチに分れる。一般に、政治学者にとっての地域は国家であり、境界は国境であるが、文化人類学や民族学の立場をとれば、おのずから、地域も境界も異なってこよう。

ラティモアは辺境貯水池論において、二つの共同体の接触によって辺境が生まれ、面に広がった境界（辺境）の部分で諸経済様式が交流し、交錯する、そしてある時には前の二つの共同体とは異質なるものが生まれることを想定した。別の言い方をすれば、辺境に迫ることで新しい視座が開けるのである。テッサ・モーリス＝鈴木のつぎのことばはきわめて説得的である。「辺境という存在が、国史を、地域史を、ひいては世界史を違った視座から再訪する旅の出発点」になる〔モーリス＝鈴木 2000〕。

だが、別の考え方もありうるだろう。近代国民国家の中心との関係において「辺境」を考えたとき、つまり周縁という視角からとらえたときの「辺境」の位置である。

おそらく現代世界における最大の問題は、地理的境界、政治的境界、経済的境界、文化的境界が合致せず、微妙に、あるときは大幅にずれていることだろう。とりわけ、政治的境界と文化的境界のずれがさまざまの紛争を生み、多くのエスニックな紛争がまさにそのずれによって生じている。そして政治的境界によって区切られている近代国家は二つの点で辺境にとって対抗的に存在する。

ひとつは、近代国家は、政治的均質化という政治的要請、経済統合という経済合理性によって、そもそも文化的には異質なさまざまなものを強引に包摂しようとする。時にはナショナリズムという魔法の杖で、時には国民(ネーション)という魅惑的な言説を通じて、ある時には暴力を使ってでも。こうして、「辺境」と国家はたえざる緊張関係を強いられるのである。

もうひとつは、国民国家の矛盾の集積地としての辺境である。たとえば中国の場合、地理的な辺境には非漢民族が数多く住み、経済統合は不十分だし、また歴史的にも文化的にも「異端」の地域である。そしてそこに住む人々は一般的に貧しい。新疆やチベットの住民は一九八〇年代から九〇年代、中央にたいしてさまざまな異議申し立てをした。中央政府はそのほとんどを「民族分離主義」だとして斥けたが、じつは、貧困からの脱却と民主的権利を求めたケースがほとんどである[毛里 1998]。新疆やチベットなど近現代になってあらたに中国に領域統合された地域は、中央の統治の面でも、経済レヴェルにおいても、さまざまな矛盾が集積しやすい。

こうして、辺境からの接近が、ある国家の実相をみきわめる際に有効な視座となりうる。まさにモーリス＝鈴木がいうように、ある国への、あらたな視座による再訪が可能になるのである。

謎解きの魅力

辺境に住む人々からすれば言語道断なことかもしれない。だが辺境学の第二の魅力は、なにはさておいても謎解きの喜びである。二つの例をあげよう。

日中戦争が最終段階をむかえていた一九四四年十一月、中国新疆と旧ソ連カザフスタンの国境イリ地区一帯で、ムスリムと親ソ連の活動家たちが軍閥盛世才にかわってはいってきた国民政府の圧政に抵抗して蜂起した。辺境の地に「東トルキスタン共和国」の旗があがったのだが、戦争が終わった四五年八月から様相は一変する。米英ソのヤルタ協定を受けておこなわれたソ連・国民政府の交渉の結果、国民政府の要請でソ連が国民政府・蜂起軍の仲裁にはいったからである。ソ連（モスクワとウルムチ・イリのソ連領事館）の強いイニシアティヴで三カ月続いた交渉の結果、蜂起側は「東トルキスタン共和国」の旗をおろした。新疆省に国民政府とイリ蜂起軍の連合政府が成立し、中国領域内の「共和国」はうたかたの夢と消えた。だが、四九年までイリ、タルバガタイ、アルタイ（「三区」と通称される）では独自の通貨、税制、法律が通用し、ほとんど独立的な状況が続いた。これがのちに「三区革命」と呼ばれる運動である。

人民解放軍が新疆にはいったのは一九四九年八月である。スターリンの指令でモスクワから直接イリにはいった鄧力群はすぐにアフメドジャン・カシムやアバソフら三区革命リーダーと接触し、彼らから三区の事情を聴取して北京の毛沢東に新疆情勢を急報した。中国共産党は三区革命勢力を新体制に吸収するため、建国に備えて開く人民政治協商会議にカシムらを招待した。だが、イリからイルクーツク、満州里をへて長途北京に向かう予定だった飛行機が途中墜落し、三区革命のリーダー五人は北京にたどり着くことなくバイカル湖中に散った。結局人民政治協商会議に三区を代表して出席したのはサイフジンらである。

三区革命は謎だらけである。大きな謎だけでもつぎのようなものがある。

(1) 対日戦争の末期、中国と対日共同行動をとっていたソ連がなぜ「東トルキスタン共和国」の分離蜂起に大量の武器を与えて支援したのか。スターリンが直接指示したのか、ウルムチとイリの現地領事館なのか、あるいは新疆が盛世才の独立王国だった一九三〇年代に圧倒的勢力をもっていたソ連軍顧問なのか、ロシア革命後ソ連から逃れてこの地で盛世才とくんでいた白系ロシア人などが動いたのか。

(2) 中国の今の評価では、カシムは蜂起の初期に「ウイグル民族主義の誤り」をおかしたが一九四八年にそれを修正して中国共産党に接近し、中国領域内の高度の自治、中国革命との合流を主張するにいたった、といわれる(今日ではカシムは三区革命の「英雄」である)、だがそれを裏付ける決定的な史料はない。

(3) 五人のリーダーの「事故死」は結果として中国共産党の三区掌握、新疆統治を容易にした。本当に事故だったのだろうか。

王柯『東トルキスタン共和国研究』、拙稿「「東トルキスタン共和国」をめぐって」[毛里 1998]などでかなりの部分が明らかになった。今のところ、ソ連崩壊後でてきたおびただしい量のロシア側史料《アーカイヴ》や新疆地方の檔案《とうあん》を使った中国の研究者、沈志華の分析が比較的説得力があるので、ポイントを紹介しておこう。彼はつぎのようにいう。

(1)ソ連は一九四三年から、新疆のウイグル人、カザフ人などの反漢人の武装暴動を組織的・軍事的な十分な準備のもとで支援・策動した。少数民族のリーダーはこの地区の独立を最終目的にしていたが、モスクワはソ連が新疆でえていた権益や在華利益全体を回復する手段として新疆の民族矛盾を利用したにすぎない。

(2)当時ソ連の中国への関心は中国東北地方の権益、緩衝国としてのモンゴル、そして新疆だったが、新疆のランクは低く、在華権益の保持、できれば親ソ連の地方政権の樹立が目的だった。

(3)したがってソ連の新疆政策はきわめて場当り的で、初期の独立支援、ついで国民政府を助けた調停へ、そして一九四九年には米国の新疆への野心を警戒して中国共産党にできるだけ早く新疆を統合するよう指示するなど、変転した。新疆はソ連の対中交渉の駒《こま》として使われた。

(4)なお蜂起初期になぜソ連が「東トルキスタン共和国」独立を認めたかという点にかんして、ソ連にはその意思はなかったが、モンゴルのチョイバルサン元帥がモンゴルとの国境アルタイを中国からきりはなすために東トルキスタン独立を許可した、という説があるという[沈 1999]。

これでもすべてが納得できるわけではない。三区革命にかかわった勢力は、現地ムスリムや民族主義者、中国中央政府、ソ連、ソ連の在新疆要員、モンゴル、そして最終段階に登場してきた中国共産党などじつに多様である。状況はきわめて錯綜していたにちがいない。いずれにしても、日中戦争終了間際の辺境の地トルキスタンでは力の空白が生じ、すさまじい勢いで各勢力の関係の再編、国際的なパワーバランスの再編が起こっていたことは確かである。結局、これら周辺勢力に翻弄された「辺境」の人々という歴史イメージが浮かび上がるが、あまりに厳しすぎる見方だろうか。

もうひとつ、同じ時期にあった内外モンゴル併合の動きも謎が多い。

日中戦争終了を契機に中国内モンゴル地域では、三つの系統のモンゴル・ナショナリズムが錯綜していた。第一の動きが、同胞の国であるモンゴル人民共和国と統合しようとする内モンゴル東部の試みである。だがモンゴル人ハフンガたちのこの動きは実らず、一九四六年一月には東部内モンゴルの「高度の自治」に後退し、翌年には中国共産党系の自治運動に吸収されてしまう。もうひとつは、徳王(ドムチョクドンロプ)の流れをくむボインダライなどの「内モンゴル人民共和国臨時政府」樹立の動きである。だが、臨時政府は一〇日もたずに中国共産党ウランフ系の自治運動にリーダーシップを奪われてしまった。第三が、日中戦争が終わるや華北から内モンゴルに進入しモンゴルの自立運動を吸収していくウランフ系の動きである。結局、中国領域内で自治権をもつ統一内モンゴルをめざしたウランフ系が勝者になったこと、そして、この内モンゴル方式がその後民族区域自治政策のモデルになったことはよく知られている。だが、この間の複雑なプロセスで次のような謎はまだ解けていない。

(1) 内モンゴル・ジリム盟出身のハフンガらは、一九四五年八月十日に王爺廟《おうやびょう》で反日武装蜂起し、十八日には「ソ連とモンゴル国の指導のもとで、内モンゴルの外モンゴル(モンゴル人民共和国)への併合を進める」ために人民解放委員会を結成した、といわれる。だがこの動きはソ連、モンゴルに支持されたものだったのだろうか。

(2) すでに一九四五年八月十四日、中国政府は外モンゴルの国民投票で確認されれば「現在の境界線内における外モンゴルの独立を承認する」ことをソ連に認めさせられていたが、このことを知らなかったにちがいないハフンガたちは、八月から十月にかけて内外モンゴル合併の一〇万人署名を集めてウランバートルに直訴に赴いたという。だが、ようやく会ってくれたチョイバルサン元帥はつれなかった。「内外モンゴルは合併できない、諸君は帰って毛沢東に会って革命しなさい、中国共産党に頼って民族自治を実現しなさい」と答えたという[武(音訳)1994]。しかし、ハフンガたちは本当にウランバートルにいったのだろうか、チョイバルサンは本当にこのように答えたのだろうか、うまくできすぎているではないか、信じがたいのである。

十月二十日の外モンゴルでの「国民投票」も不可思議だ。モンゴル人民共和国の公式文書によれば、一八の盟、一特別市で十八歳以上の公民五〇万が投票、投票率は九八・四%に達し、その全員が「独立」に賛成票を投じた、記名投票だった、という。だが、コミュニケーション手段がほとんどなかったその頃、砂漠の外モンゴルで五〇万人の人々が一日間で投票できる条件があったのだろうか。全員が「独立」賛成というのもにわかには信じられない。

(3) 中国共産党がモンゴル問題でなにを考えていたのかも不透明だ。一九四九年冬、ミコヤン・ソ連共産党政治局員がスターリンの名代として陝西《せんせい》をおとずれ毛沢東らとあったが、最近機密解除されたロシア側史料（ミコヤンが六〇年にソ連共産党中央にあてた「四九年訪中についての報告」）でそのころの状況が少しわかる。毛沢東が「外モンゴルと内モンゴルは統一して中国版図内にはいることができる」と述べたのにたいして、ミコヤンは、「モンゴル人民共和国はずっと前から独立権をもっている。日中戦争勝利後中国政府もそれを承認したではないか。……外モンゴルのリーダーが中国に住むモンゴル人と外モンゴルが連合して統一モンゴルをつくると主張したことがあるが、ソ連はこれに反対した。（統一モンゴルができても）ソ連の利益への脅威にはならないが、広大な領土を中国から切り取ってしまうからだ」と答えたという［レドフスキー 1996］。つまり、毛沢東は四九年時点でもなお外モンゴル独立にこだわっていたし、四五年のある時期、外モンゴル自身が「統一モンゴル」で動いていたらしいのである。

最大の謎は、ハフンガたちがどれほどの確信と決意をもって「内外モンゴル合併」を進めたか、である。だが事はソ連、中国共産党、モンゴルそれぞれの高度の機密にふれるから、今後もすべてが明らかになることはないだろう。いずれにせよ、戦争終結期、日本軍の撤退によって力の空白が生まれた辺境地区でソ連、モンゴル、そして中国共産党、さまざまな系譜のモンゴル・ナショナリストが動き始めた。ハフンガたちに夢を描かせたのも、また彼らの夢をついえさせたのも、辺境をめぐる大国中ソのパワーゲームだったことだけは確かなようである。

謎解きの魅力以外に、右の二つの事例からなにがいえるだろうか。まず、諸国家が交わる辺境こそ国際政治そして国内政治の矛盾の集積地だということである。つぎに、その地に住む人々は、辺境の大国間パワーバランスの再編期に力の空白をぬってさまざまな夢を抱き、主張し、行動した。だが、ひとたび秩序がもたらされたとき人々の夢はほとんどの場合ついえてしまう、という苛酷な歴史の記録である。

3―エスニシティの時代と国家

ネーションとエスニック・グループ

さて、多くの場合辺境の主人公は民族であり、エスニック・グループである。民族ネーションとはなにか、エスニック・グループとはなにか、をめぐってはてしない議論が古今東西で繰り返されてきた。一種の「民族定義病」に陥っているという皮肉もあるし〔田中 1994〕、いまや「概念の定義と使用方法をめぐるジャングル時代」だともいわれる〔関根 1994〕。

かつてスターリンは、民族を「言語、地域、経済生活、および文化の共通性の内に現れる心理状態の共通性を基礎として生じたところの、歴史的に構成された人々の堅固な共同体である」と定義した（『民族問題と社会民主主義』一九一三年）。また、最近ではイスラム専門家の山内昌之の、「共通の名称・文化的要素を有し、共通の起源にまつわる神話と共通の歴史的記憶を保有する人々によって構成される集団が、特定の領域において、自らを結合し連帯感をもつ存在」という民族定義もある〔山内 1994〕。ネーションとは「イメージとして心に描かれた想像の政治共同体である」ときわめて柔らかく民族を定義したのはアンダーソンである〔アンダーソン 1997〕。

政治的にアプローチするか、経済的にみるか、あるいは言語・宗教・文化などから接近するかでネーションの定義は変わってくるし、静止的にとらえる場合も、そのダイナミックな形成過程から動態的にとらえる場合もある。だがいずれにせよ、どんな場合も、民族は原語 nation が国民と訳されることもあるように、国家を前提とし、国家と切り離すことはできない。ではネーションとエスニック・グループを区別するものはなにか。

国際政治学者でカナダのフランス系住民を分析している石川一雄は、ナショナリズムが民族の国民化、民族と国家の一致をめざす運動であるのにたいして、エスノ・ナショナリズムは、既存の国家内の下位集団であるエスニック・グループが自己の文化的・社会的アイデンティティの確立を求め政治的自治権の獲得と強化をめざす運動だ、と両者を区別する［石川 1994］。他方、関根政美は、ネーションとエスニック・グループを分ける基準は、(1) 伝統的民族か象徴的民族か、(2) マジョリティかマイノリティか、(3) 民族自決追求集団か否か、であるとしたうえで、ある国民国家でのマジョリティ文化をもつ人々、ひとつの国民国家を形成しうるほどの規模と政治・経済能力、そして民族自決の能力をもつ人口集団をネーション、民族自決よりは、民族承認・平等と保護を求める人々の集団をエスニック・グループとおおまかに区別する。ただ関根は、両者の区別は、文化的なものではなく政治的なもの、つまり国民国家の形成とその枠組み内での政治的力関係に従った分類だとして、昨今ネーションとエスニック・グループの区別が曖昧になっている点に注目している［関根 1994］。

もっと機能的なアプローチをしているのが武者小路公秀で、「固有の文化、歴史、言語、宗教などをもとにして一つのアイデンティティを共有する共同体的な集団」であるエスニック・グループ（エスニー）は、つぎの四つのタイプに分かれるという。

⑴主権国家の権力掌握を正当化するアイデンティティ集団としてのネーション（国家形成エスニック・グループ）、⑵国家をいまだ形成してはいないが、条件さえ整えば国家権力を掌握しようとして、国家形成エスニック・グループに転化しうるアイデンティティをもつ（国家未形成エスニック・グループ）、⑶先住する地域の歴史的過程のなかでその外部に成立した国家によって征服されたエスニック・グループ（先住エスニック・グループ）、⑷定住の地を離れ、異質の経済・文化・政治社会に住んでいる人々、移民および難民（移住エスニック・グループ）［武者小路 1996］。

では、ネーションとエスニック・グループにはっきりした境界があるのだろうか。中国の「少数民族」のケースで考えてみよう。一九五〇年代以来の国家による民族識別工作や民族言語育成工作は、「上からの国民形成」であると同時に、ネーションとエスニック・グループを意識的に区別するための政治、いわば「上からのエスニック・グループ化政策」でもあった。長い政治的・文化的共同体の歴史をもつチベット人もウイグル人も、七九年に少数民族と認知されたジノー人と同レヴェルのエスニック・グループに位置づけられた。彼らは自決の能力と資格をもたない、一国家内のマイノリティにとめおかれることになった。つまり、現代中国では国がネーション（中華民族）とエスニック・グループをはじめからはっきりと区別してきたのである［毛里 1998：第3章「民族は作られる」］。

だが、現実にそうなのだろうか。ネーションとエスニック・グループの区別はなにもきっちりした基準があるわけではなく、その区別は、国民国家の形成のプロセスでの政治的関係を反映した、きわめて政治的なものなのではないだろうか。いいかえれば、政治的状況、中央権力の対応、あるいは国際環境のいかんによって、すべてのエスニック・グループが国家を求めるネーションになる可能性を秘めているると思えるのである。つまり、東チモールのチモール人、インドネシアのアチェ特別州のアチェ人が彼ら自身の「国」を求めたからといって、いささかも不思議ではないのである。国民国家が政治的アイデンティティの最小単位である現代社会で、エスニック・グループは、状況が整えば、条件がそろえば、すべてがネーションに転化する志向性をもっているといえよう［毛里 2001②］。

なぜ人々は「国」を求めるのか？

三〇〇の言語集団、二五〇のエスニック・グループをもつといわれるインドネシアは、まさに多様性の海に浮かぶ国民国家である。そのインドネシアが一九九八年から国家解体の危機に直面した。スハルト権威主義体制の崩壊をきっかけに、旧ポルトガル植民地である東チモールの独立の動き、アチェ特別州やイリアン・ジャヤなどでの自治や分離を求める抵抗など、各地でエスニック紛争が噴出したのである。東チモールでは多数の人々が血を流した。またユーゴでは、セルビア人、クロアチア人、ムスリムのあいだで血で血を洗う「民族浄化《エスニック・クレンジング》」の嵐が今なおおさまっていない。人々はなぜ血を流してまで「国」を求めるのか、あるいは「国」のために命を賭《か》けて戦うのだろうか。

まず、「国」、「国」だけが住民の生存と安全を保障してくれるという期待がある。現在の国際システムの主体が主権国家であり、主権国家にだけ自衛権、防衛権を認めていることがその期待を確固とした確信に変える。

第二が「国」が経済的富を保障してくれるという期待もしくは確信である。ウォーラーステインが「アフター・リベラリズム」で喝破したとおり、近代国民国家こそが世界資本主義、つまり世界システムを制度的に支えているのだから。

第三に、「国」を通じて人々ははじめて政治的アイデンティティを確認できる。

国際社会は「国」という形式をもったものだけを国際システムのメンバーとして認知するし、国際法の主体もほとんどが「国」である。また近代の歴史は国民国家が統治と統合の単位としてもっとも効率的で、また持続的であることを示した。

たしかに、こうした国民国家万能観にたいして、経済と情報のグローバリゼーションのなかでさまざまな疑念がでてきている。モノ・カネ・ヒトの国境を越えた移動が日常化し、国家の壁はますます低くなっている。「国民国家の時代は終わった」という主張さえある。だがそれでもなお、「国」をもたない人々は「国」を求めて戦うのである。

むしろグローバリゼーションが「国」の復権をもたらす、という逆説的状況さえみられる。たとえば二〇〇一年九月十一日、ニューヨークとワシントンを襲った「同時多発テロ事件」をめぐる山崎正和の論説がその典型である。山崎は、グローバリゼーションが、「個々の国家が、世界世論や国家を越えた人権の価値によって制約されつつある過程、国民国家の機能の縮小」であると一方で認めながら、反面、「国民国家の資産を無にすることではなく、むしろそれをさらに強化する」ことを説く。つまり、国民が国家に代表権を認める以上、「国家はその責任を果たすべき」であり、「秩序維持の実力機関、防衛の権能は依然として国家のものであり、国家どうしの同盟によってのみ分有されるもの」だから、グローバリゼーションのなかで国家の代表権はゆるがせにはできない、とするのである［山崎 2001］。国家は現代の怪物である。「国家無き民が、国家無きが故に国家の論理にとらわれるというパラドックス」［橘川 2001］をわれわれは冷戦後のおびただしいエスニック紛争で目撃してきた。

国家と国家が重なり合う辺境の民は、今後ますます強く「国」を求めるにちがいない。こうして辺境と既存国家の対抗関係、緊張関係は強まる。現代を解くために、また未来を見通すために辺境学がますます意味をもつゆえんなのである。

参考文献

毛里和子「オウエン・ラティモア考(一)」(『お茶の水史学』第二二号 一九七九年)

毛里和子「地域研究の「落とし穴」」(『地域研ニュース』第三号 一九九六年三月)

毛里和子『周縁からの中国――民族問題と国家』東京大学出版会 一九九八年

毛里和子「地域研究と研究体制」(『日本国際政治学会ニューズレター』第九四号 二〇〇一年十一月) ①

毛里和子「中華世界のアイデンティティの変容と再鋳造」(毛里和子編『現代中国の構造変動7 中華世界――アイデンティティの再編』東京大学出版会 二〇〇一年) ②

Owen Lattimore, *Studies in Frontier History. Collected Papers, 1928–1958*, London: Oxford University Press 1962

John King Fairbank, *The United States and China*, Oxford University Press, 1948（市古宙三訳『中国』東京大学出版会　一九七二年）
矢野暢「地域研究とはなにか」（矢野暢編『講座現代の地域研究Ⅰ　地域研究の手法』弘文堂　一九九三年）
高谷好一「地域とはなにか」（矢野暢編『講座現代の地域研究Ⅰ　地域研究の手法』弘文堂　一九九三年）
山影進「国際社会の地域認識」（山影進『対立と共存の国際理論』東京大学出版会　一九九四年）
テッサ・モーリス゠鈴木（大川正彦訳）『辺境から眺める――アイヌが経験する近代』みすず書房　二〇〇〇年
王柯『東トルキスタン共和国研究――中国のイスラムと民族問題』東京大学出版会　一九九五年
沈志華「中蘇結同盟与蘇聯対新疆政策的変化」（『近代史研究』一九九九年第九期）
武白音「「内外蒙合併」署名運動始来」（『興安文史資料』第四輯　一九九四年）
安・列多夫斯基（レドフスキー）「米高揚与毛沢東的秘密談判（中）」（『党的文献』一九九六年第一期）
蓮實重彦・山内昌之編『いま、なぜ民族か』東京大学出版会　一九九四年
ベネディクト・アンダーソン（白石さや・白石隆訳）『増補　想像の共同体――ナショナリズムの起源と流行』NTT出版　一九九七年
田中克彦「アウスバウ（造成）のなかの民族」（黒田悦子編『民族の出会うかたち』朝日選書　一九九四年）
関根政美『エスニシティの政治社会学――民族紛争の制度化のために』名古屋大学出版会　一九九四年
石川一雄『エスノナショナリズムと政治統合』有信堂　一九九四年
武者小路公秀「国際政治におけるエスニック集団」（初瀬龍平編『エスニシティと多文化主義』同文舘　一九九六年）
山崎正和「テロリズムは犯罪でしかない」（『中央公論』二〇〇一年十一月号）
橋川俊忠「国家の時代を考える」（『神奈川大学評論』四〇号　二〇〇一年十一月）

あとがき

国際交流基金アジアセンターは、一九九五年十月の開設以来、アジア諸国との相互理解、知的交流促進のために多くの事業を実施しているが、そのなかのひとつに「アジア理解講座」がある。この講座は、春秋二季、一般市民を対象として、「アジア地域についての知識や興味をより深める」ことを目的に、「域内の文化・社会事情やその歴史的背景」にかんして、専門家による一〇回の講義によりおこなわれている。本書は、二〇〇一年一月十六日から三月二十七日までの毎週火曜日夜、東京の同センターでおこなわれたアジア理解講座「交錯する地域・民族・文化──「周縁」からみたアジア」全一〇回における各講師の講義をもとに、その内容を補訂のうえ文章化して刊行するものである。

もともと本講座の発端は、毛里和子教授を通じてアジアセンターから、「中国の周縁地域」ないしは「中国辺境」と世界との関わりに焦点をあてた企画のコーディネートの御依頼をいただいたことにある。だが「中国の周縁」といってもどこを取り上げるか、またそれぞれの地域についての研究の状況も異なっており、いくつかのプランは考えたものの、なかなか成案にはいたらなかった。その背景としては、じつは私はモンゴル、中国東北地域、ロシア極東地方をめぐる国際関係の歴史をすでに四半世紀近く研究しているものの、自分のいわば研究のフィールドである地域について、「中国の周縁」あるいは「辺境」というように考えたことがなかった、あるいはそのようにとらえることを拒否してきたという事情もある。どうも、それなりの歳月のあいだ、モンゴル人との交流をもとに研究を進めるうちに、その心が乗り移って、とまではいわないが、「周縁」「辺境」といわれることに嫌悪感さえ感じるようになっていた。

しかし、だからといって、ある時代以降、たとえばモンゴル人の生活空間が、「中国の周縁」や「内陸アジア辺境」といわれるようになったという現実を、あながち否定しているわけでもない。そうであるならば、「周縁」や「辺境」と外部から呼ばれる地域に住む人々の視点から世界をとらえてみると、どのようにみえるのか。自他を分かつ「境界」とはなにか。世にいう「地域」や「民族」そして「文化」の区分はどういう意味があるのか。このような問題に焦点をあてて講座を編成したが、なるべくディシプリン、研究アプローチの異なる方に講師をお願いしたいという方針を立てたため、必ずしも論点は一致していない。むしろ問題の多様性を示すことになったのではないかと思う。講義をお願いした四氏は、いずれもそれぞれの分野で創造的なお仕事をされている方である。快く御協力いただいたことに御礼を申し上げたい。

幸い講座は好評のうちに終了し、熱心な参加者と接することができたのは光栄である。各講師のお話を御参加いただいた方のみの範囲にとどめず、さらに参加者とのコミュニケーションをも内容に取り込み、単行本として世に届けることは、「アジア理解講座」自体の趣旨とも合致するところであろう。企画の段階から単行本化を考えていたが、アジアセンターで「アジア理解講座」を担当されていた西岡麻記子さん(現在は在ウィーン日本大使館勤務)の好意あるお励ましをいただき、ここに刊行することができた。本書をはじめとして、「アジア理解講座」のなかから講義に基づく単行本シリーズが誕生する運びになったとうかがっている。その第一号として本書が出版されるのは、これもまた光栄なことである。御尽力いただいた国際交流基金アジアセンター国内事業課の小熊旭課長、西岡さんの業務を引き継がれた今井真澄さん、そして改めて西岡さんには心から御礼を申し上げたい。

中見立夫

二〇〇二年二月五日

執筆者紹介（執筆順）

中見立夫　なかみ たつお

1952年生まれ。東京外国語大学アジア・アフリカ言語文化研究所教授

主要著書：『地域からの世界史 6　内陸アジア』（共著，朝日新聞社，1992），*Mongolia in the Twentieth Century*（共著，M. E. Sharpe, 1999），『中央ユーラシア史』（共著，山川出版社，2000）

荻原眞子　おぎはら しんこ

1942年生まれ。千葉大学文学部教授

主要著書：『東北アジアの神話・伝説』（東方書店，1995），『北方諸民族の世界観』（草風館，1996），『ロシア科学アカデミー人類学民族学博物館所蔵アイヌ資料目録』（共編著，草風館，1998）

濱田正美　はまだ まさみ

1946年生まれ。神戸大学文学部教授

主要著書・論文：『中央ユーラシア史』（共著，山川出版社，2000），「サトク・ボグラ・ハンの墓廟をめぐって」（『西南アジア研究』No. 34, 1991），「「塩の義務」と「聖戦」の間で」（『東洋史研究』52-2, 1993），Le sufisme et “ses opposants” au Turkestan oriental（*Islamic Mysticism Contested*, Leiden, 1999）

名和克郎　なわ かつお

1966年生まれ。東京大学東洋文化研究所助教授

主要著書・論文：『ネパール，ビャンスおよび周辺地域における儀礼と社会範疇に関する民族誌的研究――もう一つの〈近代〉の布置』（三元社，2002），「民族論の発展のために」（『民族学研究』1992），「ネパール，ビャンスにおける「母語」をめぐる諸問題」（『ことばと社会』2000）

クリスチャン・ダニエルス　Christian Daniels

1953年生まれ。東京外国語大学アジア・アフリカ言語文化研究所教授

主要著書：Science and Civilisation in China, vol. 6 part 3 *Agro-Industries : Sugarcane Technology*（Cambridge University Press, 1996），『四川の考古と民俗』（共著，慶友社，1999），『雲南物質文化　生活技術巻』（昆明，雲南教育出版社，2000，中国の第 5 届国家図書奨提名奨を受賞）

毛里和子　もうり かずこ

1940年生まれ。早稲田大学政治経済学部教授

主要著書：『現代中国政治』（名古屋大学出版会，1993），『周縁からの中国――民族問題と国家』（東京大学出版会，1998），『現代中国政治を読む』（山川出版社，1999），『現代中国の構造変動 1　大陸中国への視座』（編著，東京大学出版会，2000），『現代中国の構造変動 7　中華世界』（編著，東京大学出版会，2001）

アジア理解講座1

境界《きょうかい》を超《こ》えて　東《ひがし》アジアの周縁《しゅうえん》から

2002年3月31日　1版1刷　発行
2004年6月30日　1版2刷　発行

編　者　中見立夫《なかみたつお》

企　画
協　力　国際交流基金アジアセンター

発行者　野澤伸平

発行所　株式会社 山川出版社
〒101-0047　東京都千代田区内神田 1-13-13
電話　03(3293)8131(営業)　03(3293)8134(編集)
振替 00120-9-43993
http://www.yamakawa.co.jp/

印刷所　株式会社 シナノ

製本所　株式会社 手塚製本所

装　幀　菊地信義

ISBN4-634-47410-7

新版　世界各国史　全28巻

＊は既刊

1　日本史　宮地正人編
＊2　朝鮮史　武田幸男編
＊3　中国史　尾形勇・岸本美緒編
＊4　中央ユーラシア史　小松久男編
モンゴル・中国（内モンゴル・チベット・新疆ウイグル）・カザフスタン・クルグズスタン・タジキスタン・ウズベキスタン・トルクメニスタン
＊5　東南アジア史 I　大陸部　石井米雄・桜井由躬雄編
ベトナム・カンボジア・ラオス・タイ・ミャンマー
＊6　東南アジア史 II　島嶼部　池端雪浦編　インドネシア・フィリピン・マレーシア・シンガポール・ブルネイ
＊7　南アジア史　辛島昇編
インド・パキスタン・ネパール・ブータン・バングラデシュ・スリランカ・モルディヴ
＊8　西アジア史 I　アラブ　佐藤次高編　イラク・シリア・レバノン・イスラエル・ヨルダン・クウェイト・サウジアラビア・バハレーン・カタール・アラブ首長国連邦・オマーン・イエメン・エジプト・リビア・チュニジア・アルジェリア・モロッコ
＊9　西アジア史 II　イラン・トルコ　永田雄三編　アフガニスタン・イラン・トルコ
10　アフリカ史　川田順造編
サハラ以南のアフリカ諸国
＊11　イギリス史　川北稔編
連合王国・アイルランド
＊12　フランス史　福井憲彦編
＊13　ドイツ史　木村靖二編
＊14　スイス・ベネルクス史　森田安一編
スイス・オランダ・ベルギー・ルクセンブルク
15　イタリア史　北原敦編
＊16　スペイン・ポルトガル史　立石博高編
17　ギリシア史　桜井万里子編
＊18　バルカン史　柴宜弘編
ルーマニア・モルドヴァ・ブルガリア・ユーゴスラヴィア連邦・マケドニア・スロヴェニア・クロアチア・ボスニア＝ヘルツェゴヴィナ・アルバニア・ギリシア
＊19　ドナウ・ヨーロッパ史　南塚信吾編
オーストリア・チェコ・スロヴァキア・ハンガリー
＊20　ポーランド・ウクライナ・バルト史　伊東孝之・井内敏夫・中井和夫編
ポーランド・ウクライナ・ベラルーシ・リトアニア・ラトヴィア・エストニア
＊21　北欧史　百瀬宏・熊野聰・村井誠人編
デンマーク・ノルウェー・スウェーデン・フィンランド・アイスランド
＊22　ロシア史　和田春樹編
ロシア連邦・グルジア・アルメニア共和国・アゼルバイジャン共和国
＊23　カナダ史　木村和男編
＊24　アメリカ史　紀平英作編
＊25　ラテン・アメリカ史 I　メキシコ・中央アメリカ・カリブ海　増田義郎・山田睦男編
＊26　ラテン・アメリカ史 II　南アメリカ　増田義郎編
＊27　オセアニア史　山本真鳥編
オーストラリア・ニュージーランド・太平洋諸国
28　世界各国便覧

シリーズ 国際交流

四六判　本文200～280頁 税込1890円～1995円

①「鎖国」を見直す
永積洋子 編　「鎖国」の時代、日本は本当に国を鎖(とざ)していたのだろうか？見直しが進む鎖国の実像に迫る。

② 日本人と多文化主義
石井米雄・山内昌之 編　アイヌ民族や在日外国人の実態を通して、日本の内なる民族問題と多民族の共存のあり方を考える。

③ 東アジア世界の地域ネットワーク
濱下武志 編　多様なネットワークを通して外部世界との結びつきを強めてきた東アジア。そこで展開された国際体系のダイナミズムと構造を解き明かす。

④ アジアのアイデンティティー
石井米雄 編　宗教も言葉も生活も異なるアジアの中で、日本人はどのようにアジアの一員であり続けるのか。アジアと日本の歴史から未来の関係を問う。

⑤ 翻訳と日本文化
芳賀 徹 編　中国や欧米から翻訳という形で新しい文化を学んできた日本人。旺盛な知識欲が生んだ「翻訳」文化を考える。

⑥ 漢字の潮流
戸川芳郎 編　中国で生まれアジアにひろがった漢字は、各国でさまざまな変遷を遂げた。コンピューター時代の今、これからの漢字文化の行方を考える。

⑦ 文化としての経済
川田順造 編　巨大化し複雑化した経済によって歪む社会機構、そして経済に 振り回されて疲弊する現代人…。経済を広い視野からとらえ直し、その真の意味を考える。